ELES FORAM PARA PETRÓPOLIS

A marca FSC é a garantia de que a madeira utilizada na fabricação do papel deste livro provém de florestas de origem controlada e que foram gerenciadas de maneira ambientalmente correta, socialmente justa e economicamente viável.

IVAN LESSA E MARIO SERGIO CONTI

Eles foram para Petrópolis

Uma correspondência virtual na virada do século

COMPANHIA DAS LETRAS

Grafia atualizada segundo o Acordo Ortográfico da Língua Portuguesa de 1990, que entrou em vigor no Brasil em 2009.

Capa
João Baptista da Costa Aguiar

Preparação
Márcia Copola

Revisão
Valquíria Della Pozza
Carmen S. da Costa

Dados Internacionais de Catalogação na Publicação (CIP)
(Câmara Brasileira do Livro, SP, Brasil)

Lessa, Ivan
Eles foram para Petrópolis : uma correspondência virtual na virada do século / Ivan Lessa e Mario Sergio Conti — São Paulo : Companhia das Letras, 2009.

ISBN 978-85-359-1428-3

1. Cartas brasileiras 2. Conti, Mario Sergio — Correspondência 3. Lessa, Ivan — Correspondência I. Conti, Mario Sergio. II. Título.

09-2117 CDD-869.96

Índices para catálogo sistemático:
1. Cartas : Literatura brasileira 869.96
2. Correspondência : Literatura brasileira 869.96

[2009]

EDITORA SCHWARCZ LTDA.
Rua Bandeira Paulista 702 cj. 32
04532-002 — São Paulo — SP
Telefone (11) 3707-3500
Fax (11) 3707-3501
www.companhiadasletras.com.br

Nota Mínima

Eles foram para Petrópolis combina a edição de duas correspondências trocadas por Ivan Lessa e Mario Sergio Conti na virada do século. A primeira teve como base as cartas que publicaram durante um ano, a partir de abril de 2000, no Universo on Line, o UOL. A segunda, os e-mails privados que enviaram um ao outro no mesmo período. A correspondência particular *está em itálico.*

14/3/00

Ivan,

propus que trabalhássemos em dobradinha. Publicaríamos os nossos e-mails. Devidamente adaptados para consumo externo. De um a dois por semana. Acho que a forma, correspondência eletrônica, é perfeita para o meio. Cria uma sequência. Pode, com o perdão da palavra, fidelizar o leitor. Opiniões sobre filmes, livros e TV, observações políticas, resumos idiossincráticos das situações inglesa e brasileira, reminiscências. Cabe tudo numa correspondência. Ela funciona como um diário e perde-se no ar, como os programas de rádio. Só que é escrito. Em suma, faríamos o que fazemos hoje — mas seríamos pagos.

Mario Sergio

15/3/00

Jovem,

olhaí, achei bacanérrima tua sugestão, mas vou ficar autoconsciente (arram!) paca. E o tutu, moreno, e o tutu? A ideia não pode ser melhor. E se tiver que ser vexame pelo menos não naufrago sozinho. Os inimigos me gozam, mas você vai nessa. Sem dúvida que seria papo sobre os assuntos mencionados. O tom, acha-se, como o fizeram Newton Mendonça e João. Um pouco de liberdade não é mau. Também um venenozinho aqui e ali. Você poderia até, hipocritamente, no courriel *seguinte, ponderar: "Mas, Ivan, meu caro, pense bem, você não estará sendo um pouco injusto com o nosso querido Jabor?".*

Ivan

21/3/00

Ivan,

fechei negócio. Uma ou duas colaborações semanais contigo. Até sexta-feira defino com detalhes como será a dobradinha.

MS

24/3/00

Meu prezado Mario Sergio,

gostaria, antes de mais nada, de pedir desculpas pela tosse que se me acometeu ontem, quando charlávamos ao telefone. Estou deveras preocupado. Tem sido um resfriado — e severo — por mês, tal qual menstruação feminina (ha! ha! como se houvesse uma menstruação masculina!). Preciso consultar-me com um médico. Como você deve saber, a medicina, aqui no Reino Unido, é socializada, e, apesar de algumas falhas clamorosas em sua estrutura, além de decadente, segundo seus críticos mais severos...

É assim? Estou treinando. Acertei o tom? L'embouchure? *Você terá que segurar a mão do velhinho, passar o Vick Vaporub no peito dele, fingir que não tem nojo, guiar os passos do hominho. Leve é duro paca, rapaz. Vai ter que me ensinar tudo. Nervoso também quando e se ligar hoje o Caio Tulio: e se eu só tossir e engasgar e cuspir e vomitar? Quem dirá, quem explicará que não é álcool ou drogas?*

IL

2/4/00

Ivan,

o UOL deu sinal de vida?

Me manda o telefone da Elsie, por favor. Quero cumprimentá-la pelo natalício. É na quarta-feira, não?

MS

3/4/00

Sô dotô,

UOL? Nada. Você conhece sua gente.

Telefone da Elsie mando amanhã. É. Oitenta e oito no dia 5. Ela continua meio ruim. Soube por outras vias. Eu aqui, bom filho, solidário, continuo me dobrando de tanto tossir.

IL

3/4/00

Ivan,

telefonei para o Caio. Ficou de te chamar ontem mesmo. E então?

Mario

4/4/00

Ei, rapaz,

Caio Tulio me ligou ontem, direitinho, muito alegre da vida, às 6h da tarde. Já me mandou bilhetrônico, que respondi há segundos. Confirmou os planos que você me expusera, preço, coisa e tal, falou que vai ter que ter contrato assinado (claro, ué!), foi tudo cordial e simpático. Disse-me que quarta vai estar, ou almoçar, contigo.

Olhaí, Elsie me ligou ontem, 9h30 da noite. Estava satisfeita. Já havia me dito que completava agora 55 anos de O Globo, *onde começou fazendo reportagem, e que ninguém lá dissera pô nenhuma. Ontem, naquela hora mesmo, ligou uma moça, nome me esqueci, da parte de Roberto Marinho e Ali Kamel, lembrando a data, querendo que ela vá com tudo pago ao Brasil para série de homenagens, gravação de vídeo, o escambau. Ela deve ter ficado satisfeita, deve não, ficou e mo disse. O telefone dela é 21 482 1771. Não está bem, não vai comemorar, queixa-se de dor de ouvido. Recusa alopatia.*

IL

4/4/00

Ivan,

Caio disse que acertou tudo contigo. Reiterei a necessidade de pagamento pontual e simples. Vou hoje lá. Amanhã conto como foram os papos com a Elsie e o Caio.

Mario

5/4/00

Jovem,

um abraço na grande figura humana que é o Caio Tulio Costa! Que beleza de trabalho ele está fazendo no UOL!

IL

6/4/00

Ivan,

encontrei lá no Waaal com o Caio. Combinamos o seguinte:

1. Estreamos no dia 23, um domingo.

2. Iremos ao ar nos domingos, terças e quintas.

3. Cada e-mail terá entre 4200 e 5600 toques. Nada preciso. Só não quer que sejam muito longos.

4. Na próxima quarta-feira aprovaremos o layout da página. Combinamos que será com letras grandes, coluna não muito larga, e ilustração gráfica, abstrata, possivelmente em cinza, correndo dos dois lados. Para facilitar a leitura.

5. Temos de definir o nome do site. Sugeri Correspondência. *Achou longo. E também que pode dar confusão: o internauta pode pensar que é a seção de cartas do UOL. Achou uma bosta, em suma. Quais são as tuas sugestões?*

Falei com a Elsie. Contou casos do Roberto Marinho, mostrou-se tocada com a homenagem de O Globo, *perguntou da Lina, falou que as suas flores ainda não foram entregues, deu risada.*

Tudo direitinho. Mas me pareceu cansada. Ela pretende vir ao Brasil no final de maio, ou em junho. Combinamos de nos ver.

MS

6/4/00

Valério,

pelo que andei contando na máquina aqui, acho coisa paca. Ilustração sempre abstrata, ótimo. Senão vem um cara fazer graça em cima de nossa sem-graceza. Vou pensar em nome. E o tom? A dicção? Evidente, não querer brilhar às custas do outro. Não fazer escada, não tentar imitar Abbott & Costello. Ou mesmo Alvarenga & Ranchinho.

Elsie ligou de noite, ainda de voz engrolada (por que essa porra dessa mania de brasileiro tomar Lexotan?), queixosa. As flores foram mandadas no sábado, cinquenta suadas libras, uma vergonha não entregarem.

IL

6/4/00

Ivan,

quando cogitava fazer uma ciber-revista, se me surgiu a sinistra ideia de ter uma seção chamada "Correspondência". Imaginei duplas de correspondentes: eu-você, Ruy Castro-Sérgio Augusto, Paulo Lins-Rubem Fonseca, Roberto Pompeu de Toledo-José Murilo de Carvalho, Diogo-Moacyr Scliar. De modo a que todo dia tivesse um e-mail de um correspondente no ar. Vários papos ao mesmo tempo. Várias novelinhas. A coisa poderia evoluir para duplas de correspondentes comentarem os e-mails de outras duplas. Expus a ideia ao Caio, que, estranhamente, adorou. Mas ele quer, e está certo, que uma dupla estreie, você e eu, para depois atrair outros.

Quanto mais parecerem nossos e-mails habituais, melhor. Porque é neles que, na medida do possível, tentamos falar algumas verdades, sem muita pose. E o que se encontra sempre, na imprensa e na web, é pose, atitude. Se ficarmos empombados, dançamos. Só lá atrás, no pano de fundo, a semiconsciência de que tem gente lendo. Que te parece?

Mario

6/4/00

MS,

olha, concordo com tudo isso que você disse embora, cá entre nós, não tenha entendido direito o que esses outros caras todos, esses caras fazendo e-meia (essa vai pegar), tenham a ver conosco.

Tenho medo é de ficar sem graça. No sentido de que — digamos — tenho certa tendência natural a fazer gracinha. Sim, sim, acerta-se uma em dez, mas, mesmo assim, é minha maneira de ser. Pomba de jeito nenhum.

Nomes. Qualquer coisa que tenha a @ brincando de A. C@rtas e nossos nomes. M@rio e Iv@n. Por aí. Em@il@ç@o, se quiser exagerar. No lo sé.

IL

18/4/00

Mario Sergio:

segura aí. Amiga comum ligou este fim de semana. Preocupada com Elsie. Liguei para amigo comum. É, Elsie vai mal.

Pior do que me diz, ou dizia. Tem que fazer biópsia, ir para um hospital.

IL

18/4/00

Ivan,

amanhã vou falar com o Caio sobre diagramação, nome, fechamento. Te pintou algum nome? E para falar também do Diogo. Sugeri a possibilidade de usá-lo também. Bom, eles se falaram, e o Caio está interessado. Há a vantagem óbvia de a correspondência ficar mais variada: três pessoas escrevendo sobre os mesmos assuntos, papos paralelos, temas novos etc.

Mario

24/4/00

MS,

uma sugestão: por que não fazer um dry run, *ou seja, um monstro, um número zero da correspondência tripartite paulista-londro-veneziana? Quem dá o pontapé inicial? Eu?*

IL

24/4/00

Ivan,

vou numerar as coisas para não esquecer nada.

1. Diogo: por enquanto fica de fora. Com o balanço das Bolsas, queda dos índices do Nasdaq, a derrota da Microsoft na Justi-

ça e a libertação do Elián, o UOL decidiu congelar as despesas até a situação desanuviar.

2. À tarde o Caio te manda fax do contrato. Li-o. Me pareceu direito. Tem lá o dinheiro, exclusividade (fora a BBC) e a duração (um ano).

3. Combinei estrearmos no próximo domingo. É o dia de maior trânsito no UOL, diz ele.

4. Vi o layout. Dá para o gasto. Ficou com o título, ultracriativo, de Correspondência. *Terá uma biografiazinha de nós dois, um arquivo com toda a correspondência, e um troço chamado Mural, para o qual os internautas mandarão seus comentários.*

Mario

26/4/00

MS,

não dormi três horas essa noite. Elsie vai ser internada hoje. Não consegue ficar cinco minutos sentada que desmaia. Vão levá-la de maca e ambulância para o hospital. O horrendamente previsto parece que vai ser confirmado: é tumor mesmo.

IL

26/4/00

Ivan,

acho melhor adiar nossa estreia uma semana. Para deixar a situação da Elsie se aclarar. Você não vai ter cabeça para fazer o troço.

MS

26/4/00

Mario Sergio,

sou contra adiar. Preciso trabalhar.

IL

28/4/00

Ivan,

mandei para o UOL a sua primeira carta e as nossas minibiografias. Estou indo amanhã de manhã para Parati-Mirim. Aproveitarei o feriado para atravessar o Saco do Mamanguá. É parte do treinamento para nadar o Helesponto.

Falou com a Elsie? O que dizem exames e médicos?

MS

30/4/00

Mario Sergio,

você me chamaria de metido a besta, de estar dando uma de inglês se eu começasse este bate-papo com vosmecê falando do tempo? É mais ou menos envolvê-lo em uma péssima piada de inglês, mas, rapaz, não teve um dia de abril que não chovesse em Londres. Se eu ainda fosse muito jovem, ainda metido a besta e desconhecesse o forte poder evocativo do lugar-comum, citaria aquelas inevitáveis linhas do T. S. Eliot: "Abril é o mais cruel dos meses…".

Fui ver, outro dia, *Magnólia*. Daquele rapaz com quem você não simpatizava, Paul Thomas Anderson. Desdenhaste do *Boogie Nights*, lembra? Na época, eu acompanhei o filme batendo o compasso no pé. Também, muito importantão, sentenciei: "Trata-se da mais espetacular estreia no cinema desde o Tarantino".

Fiquei meio sem graça quando descobri que já era o segundo filme do moço quando passaram na TV a cabo *Hard Eight*. Filme bom, mas não era, com certeza, a "mais espetacular estreia...", coisa e tal.

Não sou homem de fazer crítica de cinema (isso é coisa de mariquinhas) ou síntese (isso é coisa de caxias), mas uma porção de gente ligada por uma boa dose de coincidência não me impede nem um tiquinho de acompanhar uma alcateia (esse o plural?) de histórias. Se eu tivesse que tacar uma dessas frases que o pessoal usa nos anúncios, eu iria de "Um épico em tom maior!". Assim mesmo, com exclamação e tudo.

Ivan

1º/5/00
Swimmer,

estou acabando de conferir o UOL. Acho bacaninha. Nóis semo di graça, sô! Já tem gente reclamando de você e me elogiando, o que é muito natural.

Elsie voltou para casa. Reclamou do hospital. Estava mais, digamos, conversativa. Diz que fez todos os exames necessários e que biópsia não precisa. Hoje, feriadão, não tenho como verificar direito o diagnóstico, se é isso mesmo. Quem está enganando quem. Mas está melhor de papo, felicíssima de estar em casa.

IL

2/5/00
Lessa,

na semana passada, fui ao edifício Itália, que, como você deve estar farto de *não* saber, fica ali na esquina da São Luís com a Ipiranga. Fazia tempo que não ia naquela área. Está mais feia que a necessidade. Como a feiura é critério subjetivo, enumero as mercadorias oferecidas pelos camelôs: goiabas, chaveiros, bonés, porta-retratos, mangas, carteiras, maçãs, óculos, bananas, passes de ônibus, guarda-chuvas, joias, caldo-de-cana, pokémons, artesanato hippie, cachorros-quentes, telas (os hits continuam sendo *Incêndio na floresta* e *Preto velho fumando cachimbo*), revistas usadas e CDs, acho que pirateados. Isto em apenas uma quadra. Imagine os odores, o barulho, os escapamentos dos ônibus, as buzinas. Sabe como se chama isso? Livre mercado.

Um dia depois da incursão no coração da metrópole, me mandei para o Saco do Mamanguá, que fica a umas três horas de carro do edifício Itália, um pouco depois da divisa litorânea de São Paulo com o Rio de Janeiro. Mamanguá, explicou um nativo, significa "lugar de almoço" em tupi. Os moradores acham que o nome se explica pela abundância de peixes: tainhas, paratis, badejos, voadores etc. Moram umas cem famílias no Mamanguá. Caiçaras de boa cepa, a maioria dedicados à pesca e à agricultura de subsistência. Não há luz elétrica nem telefone, e a escola municipal está caindo aos pedaços. É difícil perceber ali a massacrante influência da televisão, do Estado, do mercado. Os brasileiros quinhentões do Mamanguá não assistiram *Magnólia*. Nem o verão quando passar na TV.

O outro filme do Paul Thomas Anderson, o *Boogie Nights*, que você tão bem traduziu para *Noites búlgaras*, era uma bobagem. Quem está interessado nos dramas de personagens da indústria pornográfica americana dos anos 70?

Mario Sergio

3/5/00

Ivan,

nossa estreia foi razoável. O bom é que é grátis e tem gente lendo. O ruim é que não fizeram uma introdução, uma abertura, uma explicação. Pedi para colocarem a frase "A Correspondência *é renovada aos domingos, terças e quintas-feiras*".

As primeiras notícias sobre a Elsie foram boas. Afinal, não precisa fazer biópsia. E saiu logo do hospital. O que dizem os médicos?

MS

4/5/00

Meu querido Mario Sergio,

começo logo dramático: reclamo de turistas para me sentir em casa, para não parecer o estrangeiro que sou, sempre serei. Vinte e dois anos seguidos de Londres e, cada vez que vou às ruas, sinto-me como se estivesse fazendo uma pífia imitação de um nativo. Sou aquele que pediu asilo político sob pretexto falso (chamem-me de Albino Albano, o albanês), sou o refugiado fajuto, o imigrante ilegal.

Itália, conheço de cumprimentar não só o país como também o edifício. Você se esquece que sou paulistano, jovem. Há uma foto minha sentadinho de calças curtas e chapéu de palha, junto com o resto da turma, logo ali ao lado, na Escola Caetano de Campos (ainda está lá? aí?), onde meu avô ensinava português, inglês e latim. Capaz de até grego, se deixassem.

Em matéria de ícone, interessei-me profundamente pelas telas que você andou vendo lá pelas bandas itálicas. O *Incêndio na floresta* não consegui visualizar, já o *Preto velho fumando ca-*

chimbo me deu uma bruta de uma — não evitarei a palavra — saudade. Sodade até. De quem era?* Por que pegou? Muito mais interessante saber dessas coisas do que ver essa exposição do Redescobrimento de que tanto falam.

Ivan

4/5/00

Oquei, cara,

gostei de teu jeito, escada pra burro pra mim. Também me senti mais à vontade na matéria que acabei de escrever. Acho que saiu espontânea, faço o meu tipo de graça normal. Se estiver exagerando me diga. Confio cegamente (mais ou menos) no senhor.

Deixa explicar como andam as coisas com Elsie: falei com ela calmamente, ela lúcida e serena. Pedi um presente de aniversário: cumprir ordem do médico. Ela respondeu que "por você tudo, meu filho". Trata-se de dar "qualidade de vida" a Elsie. Depois do tratamento, eu e Elizabeth iremos a Portugal para nos despedirmos de Elsie. Acabei de bater essa frase, dei uma parada e fui lá fora uns instantes. Como se tivessem me dado uma porrada nos dedos.

IL

4/5/00

Ivan,

antes que eu esqueça: feliz aniversário, moreno. Sessenta e

* A primeira versão do quadro é do pintor francês Nicolas Poussin (1594-1665).

cinco é uma vida! Você está um caco, aparenta bem mais! O presentinho segue después.

Sobre a Elsie: barra.

Mario Sergio

5/5/00

MS,

acho que se o UOL está investindo tanto (me considero bem pago) seria interessante divulgar um pouquinho mais. Não, nenhum exagero. Apenas explicar mais, chamar mais um pouquinho a atenção ao menos nas três primeiras semanas. Low key *é uma coisa, chave baixa é outra.* (*Sim, sim, pode me citar!*)

IL

7/5/00

Ivan,

dá um pulo em valor.com.br. Procura o caderno de cultura do fim de semana. Tem lá uma excelente entrevista com a Pauline Kael. Aos oitenta anos, ela está lúcida e sacudida, apesar do Parkinson que a forçou a abandonar a *New Yorker.** Pega só uma amostra do tom dela: "Escrever crítica de cinema é uma forma perfeita de escrever sobre o mundo".

Segure-se na cadeira, saudosista: ela acha que a *New Yorker* é hoje melhor do que nos tempos em que era dirigida pelo William Shawn. "É menos esnobe e menos pretensiosa", diz madame Kael. "A revista agora considera seus leitores inteligentes e os trata em

* Falecida em 2001, aos 82 anos, Pauline Kael não está mais nem lúcida nem sacudida.

termos de igualdade. Se eu fosse jovem e estivesse em boa forma, ainda estaria escrevendo para ela. Ler *The New Yorker* é uma experiência intelectual ao mesmo tempo em que uma diversão, assim como deveria ser a experiência de ir ao cinema. Às vezes, a falta de inteligência de uma série de filmes ruins pode ser opressiva; nesses momentos, você pode desejar que ir ao cinema seja uma atividade tão civilizada quanto ler *The New Yorker*. Mas parte da grandeza do cinema é que ele não é totalmente civilizado."

Mario Sergio

8/5/00

MS,

um troço que, talvez, você possa dar u'a mãozinha: uma amiga da Elsie ajudou-a a escolher uma crônica antiga e requentá-la. Foi, datilografou e de sua casa, lá dela, mandou por fax. Quatro da manhã da noite de sexta para sábado tocam de O Globo *para Elsie porque tinham dúvida numa página. Se daqui a quinze dias chegar a crônica e não entenderem, é para publicarem sem fazer sentido. Qualquer coisa, menos ligar (mesmo para quem está são e não tem 88 anos) às 4h da manhã.*

IL

8/5/00

Ivan,

vou mandar e-mail ao Merval pedindo para não acordarem a Elsie.

9/5/00

Mario Sergio,

olhaí, rapaz, dona Kael diz que "escrever crítica de cinema é uma forma perfeita de (se) escrever sobre o mundo". Isso é besteira. Vale até para escrever crítica de futebol de botão. Pauline está por fora em matéria de mundo. Cinema, tudo bem. E também não vamos chamar de arte, que isso é afobação. O pior conto do Somerset Maugham diz mais sobre a natureza das pessoas e das coisas do que o melhor filme do século, chame-se este *Oito e meio* ou *Cidadão Kane*.

Pauline Kael tem que achar esnobe e pretensiosa a *New Yorker* que ela pegou em 1967 e atravessou com brio os gloriosos anos 70 do cinema americano. No entanto, ela sempre brigou com os editores e até mesmo com os leitores. Pauline é maximalista, emotiva e desmandada. Numa revista que cheirava a incenso, tacou gíria e batucada. Foi uma rajada, uma tempestade, de ar fresco, digamos assim. Chato era quando ela dizia o que era para se achar de um filme. Madame não via um filme, confrontava-o. Gostava de chatear o pobre do editor, o Shawn. Quando diz que a revista agora melhorou, está dizendo que morre de saudade dele, de tudo aquilo que se foi. Ela sabe que a revista era "civilizada". Pauline está sendo perigosa quando diz que "parte da grandeza do cinema é que ele não é totalmente civilizado". Por quê? Porque a frase soa bem mas não quer dizer nada e se aplica a tudo.

IL

9/5/00

Ivan,

Merval respondeu. A Elsie não será mais procurada se houver alguma dúvida com a coluna.

11/5/00

Ivanhoe,

Pauline Kael era excelente até quando errava, justamente por, como diz você, "confrontar" os filmes. Com quase trinta anos de atraso, lançaram agora aqui o livro dela *Criando Kane*. O livro é um equívoco.

Para compensar a ausência da Pauline, a *New Yorker* traz uma matéria do atual crítico de cinema, o David Denby, sobre dinheiro: um diário de suas estripulias econômicas. Como você, o Denby se fixou o objetivo de acumular 1 milhão de dólares até o final do ano. Ao contrário de você, cujo método de enriquecimento consiste em costurar para fora, organizar rifas e vender empadinhas caseiras em estações de metrô, o americano está indo de Bolsa, derivativos, Nasdaq, fundos de investimento, tráfico de moedas podres e toda sorte de sortilégios da tramoia turbofinanceira. Ele informa que não quer o dinheiro para comprar iate, casa de campo, churrasqueira de 5 mil dólares ou qualquer coisa específica. É um desafio metafísico. Estou torcendo por ele. E por você. Só não me peça para comprar mais uma rifa.

Amplexos,

Mario Sergio

12/5/00

Ivan,

Brasília foi cansativo. Tive a oportunidade, roa-se de inveja, de contemplar o ACM de cuecas. Ele me chamou para o quarto*

* Antonio Carlos Magalhães (1927-2007), empresário e político, foi três vezes governador da Bahia.

para irmos conversando enquanto se vestia. Não vou negar: tive uma poderosa ereção.

Mario

12/5/00

MS,

ando ligando para Cascais às 4h. Hora Elsie mais inteligível. Liguei ontem. Algumas palavras. Vou amanhã às 8h da manhã. Dou graças a Deus ter este trabalho, Correspondência, *BBC. Agora vou para o horror. Estou com aquele bicho do* Alien *me mordendo por dentro. Tá difícil paca, cara. Muito mesmo.*

IL

12/5/00

Ivan,

não se preocupe com o trabalho e as obrigações. Se achar que deve ficar mais uns dias lá, fique. Com a Correspondência *dou um jeito.*

MS

14/5/00

Mario Sergio,

você tem que espiquíngres, rapaz. O Brasil é um país com péssimas legendas em português. Pega esse livro da Pauline Kael, o *Raising Kane*. Sobre a feitura do cidadão aquele, publicado há uns trinta anos. Qual foi o nome que o tradutor e a editora, ambos convivendo com o espiquíngres, encontraram? *Criando Ka-*

ne é uma estupidez. Não passou pela cabeça de ninguém que há um jogo de palavras no título original? O rapaz que traduziu não deve ter ido mais de duas vezes ao cinema. Não sabe então que, em 1992, o Brian de Palma dirigiu um filme chamado *Raising Cain*, que, no Brasil, recebeu o título ao menos razoável de *Síndrome de Caim*? Sem querer dar de banca examinadora: *to raise Cain*, qualquer dicionário informará, é "fazer balbúrdia, escarcéu, pintar o sete". Por aí. É que Caim tinha um temperamento danado de difícil, então um dia chegou para o irmão, Abel, e... Ah, pomba!

Como dizem as Carmens Mirandas, gudibái.

IL

16/5/00

Ivan,

de onde você foi tirar que *raising Cain* significa "fazer banzé"? É uma expressão anglo-saxônica dos tempos imemoriais em que se amarrava cachorro com linguiça. Está no *Beowulf*.* Tem uma hora lá em que Offa, aliás a única personagem britânica nesse texto encharcado de germanismo que funda o idioma inglês, dá à luz o segundo filho, Eomer, e ouve a sinistra advertência do pai dela, Garmund: "*She who raises Cain will lost Abel*". Ou: "Aquela que criar Caim perderá Abel". Dá uma checada no Canto XXVIII que você acha. Com a invasão normanda, em torno do ano 1000, já estava em uso o ditado *Raising Cain, losing Abel*, que pode ser traduzido por "Quem cria Caim perde Abel". Nada a ver com "pintar o sete" ou "Síndrome de Caim".

* Há duas boas traduções para o português, a de Ary Gonzalez Galvão (São Paulo: Hucitec, 1992) e a de Erick Ramalho (Belo Horizonte: Tessitura, 2007).

Erin Brockovich é de lascar. A Julia Roberts e seus 718 dentes fazem o papel de uma heroína populista e feminista. Ela começa o filme desempregada, sem diploma universitário, sem namorado, com três filhos, dois divórcios, um calhambeque e uma dívida de 17 mil dólares. Acaba com um empregaço num escritório de advocacia, um namorado motoqueiro que não trabalha e cuida dos seus filhos, um carro estalando de novo e um cheque de 2 milhões de dólares. Sabe por que consegue tudo isso? Porque é uma moça esforçada e inteligente, que diz o que pensa, se veste da maneira que lhe agrada e só quer fazer o bem.

Daqui a pouco a condescendência feminista levará o cinema americano a uma situação sueca. Li numa revista daí, a *Spectator*, que as jovens suecas não permitem que seus namorados e maridos façam xixi de pé. Acham a postura machista e prepotente, além de anti-higiênica — lá como cá, pelo jeito, há homens com dificuldade em acertar o alvo. As moças obrigam os marmanjos a sentar no troninho toda vez que aliviam a bexiga. Numa escola nova de Estocolmo os banheiros masculinos foram construídos sem *pissoirs*. Só privadas. Quem diria, hein, que a Suécia do amor livre ia ser vanguarda do politicamente correto?

Mario Sergio

17/5/00

Lelessa,

diz para a Elizabeth que a Lina estreou ontem a touquinha cor-de-rosa que ela deu de presente. Conseguiste descansar?

MS

17/5/00

Mario Sergio:

estou sem comer e sem dormir. Não dá para falar de Portugal. Elizabeth e Juliana vão sábado de manhã, voltam domingo. Feito eu fiz. Vou contar, ou melhor, mostrar para Elizabeth a cartinha sobre o presente para Lina.

Estou em carne viva, dilacerado. Sofro agora a tabela que é saber o que Juliana vai sofrer. Eu vou parar por aqui. Infelizmente não tenho mais o que escrever de trabalho.

Ivan

18/5/00

Meu capitoso Romanée-Conti,

você não prefere discutir briga de galo? Agora você soltou na minha direção, gritando "Isca! Pega! Pega!", *Beowulf*, Garmund e Chaucer. Juro que eles mordem. Nunca mais tentarei explicar a existência da expressão *to raise Cain*. Nem citarei Gênesis IV, versículo 5.*

Sabe que eu vi aquele que talvez seja o melhor filme de todos os tempos? Leva 45 segundos apenas e mostra, numa só tomada, a eletrocussão de um elefante. Data de 1903 e seu *auteur* é Thomas Alva Edison. O título do filme, assim como o *Bossa nova*, do controvertido Bruno Barreto, descreve exatamente seu conteúdo e objetivo: *A eletrocussão de um elefante*. Nele, no entanto, estão todos os mistérios do mundo. Por que eletrocutar um elefante? Quem, como, onde, o quê, por quê? Fico zonzo só de pensar, indagar.

Outro dia, vi lá em Portugal, num canal brasileiro, uma por-

* "Mas Adão não ligou para o presente de Caim, que ficou puto nas calças."

ção de The Making Of. Como a gente tá bom de The Making Of, meu camaradinha! Melhor que Kane. Que *Eletrocussão*. Camarada olhando para a câmera e explicando por que é que o filme que ele dirigiu é supersensacional. Tudo é super. "Você é um cara superlegal, Roberto!" "Ora, você está sendo supergeneroso, Alberto!" O tempo todo, em novela ou fora de novela, eles estão super(ando) alguém, alguma coisa. Tudo é formidável, tudo é magnífico. Sou mais uma vez grato a você por ter me chamado a atenção para o epigrama do esplêndido Jabor: se a vida nos deu um "limão" façamos uma "limonada".

"Grande" abraço,

IL

18/5/00

Ivan,

combinei com a Folha *fazer uma página sobre a Elsie no caderno* Mais! *Achei melhor do que escrever vinte linhas na correria. Se você não se incomodar, gostaria de telefonar para pegar alguns dados. Ou então me mande o que você achar relevante por e-mail.*

Novamente: se precisar de algo daqui, estou à disposição.

Forte abraço,

MS

18/5/00

Mario Sergio,

vou ficar até domingo à noite sozinho. Conheço-me um pouco. Como com todos — acho — a barra vem depois. Tenho expe-

riência. Estou mais velho. Prefiro dar dados, os que puder, pelo telefone. Para que eu fique à vontade.

Recebi e-mail da parte do Jô. Querem-me em certos dias de junho, a escolher, no estúdio da Globo para ir ao programa dele. Meu agente e empresário diz o quê? Soube, em Cascais, que acharam cópia do filme que fiz em 1950 na Atlântida. Vai ser lançado agora. Eu pulo, jogo futebol, mato meu tio, sou internado, fujo, cresço e viro Anselmo Duarte. Será uma emoção.

IL

18/5/00

Ivan,

esse negócio de internet é enganação. Ontem à noite, fiquei procurando algo sobre a Elsie. Apesar do tempo real, só encontrei a mesma nota sumária, de seis linhas. Às 10h daqui vou à banca. É quando chegam os jornais do Rio.

O Jô quer te entrevistar via satélite, para passar num telão no estúdio. Acho que você deve dar a entrevista. Para os amigos te reverem. Para divulgar o teu livro e a nossa Correspondência.

MS

19/5/00

Oi,

e-mail de muita gente do Brasil. Leonam, Sérgio Augusto, Ziraldo na primeira linha me acreditando em Lisboa, e tinha, finalmente — e agradeça e beije por mim —, o bilhete da Flavia com arquivo de Lina acompanhando.

Olhei a horinha aqui no computador. São 11h13. Elsie arde, começou às 11h. Isso é morbidez. Mas volto a ela para sair dessa.

Sempre falava em cremação. Que era o que queria. Citava algo que lera não sei se nas cartas ou nos diários de Shaw, quando este assistiu à cremação da mãe: "... and my mother became that beautiful fire".*

IL

19/5/00

Ivan,

esclarece uma coisa: o Albertino Pinheiro tinha um alto cargo na Igreja Presbiteriana no Brasil?

Mario Sergio

19/5/00

MS,

alto cargo, não. Era ministro. Pastor. Como meu outro avô, pai do Lessa, Vicente Themudo. Por falar nisso: Elsie e o Lessa eram primos em primeiro grau. Qual seja, Albertino Pinheiro era irmão da mãe de meu pai, Orígenes. O Lessa perdeu a mãe e o pai, com seis filhos para criar, casou de novo, com a avó paterna que conheci, dona Chiquinha (um nome bem antigo). O Lessa e a Elsie se viam muito pouco, quando primos em São Paulo. O Lessa com dezoito anos de idade, ou dezenove ou vinte, mal acharia graça na menina de perna fina que estava, domingo de manhã, no culto. A bandeira paulista foi criada por Júlio Ribeiro, avô da Elsie, no século passado.

IL

* Carta de G. B. Shaw (1856-1950) à atriz Patrick Campbell, em 22 de fevereiro de 1915.

21/5/00

Ivan,

há um exagero de maio em São Paulo. Fico brincando de descobrir o que sobrou da antiga avenida Brigadeiro Luís Antônio, que desde que me lembro por gente subi e desci, rumo a endereços vários. Percorro, com antigo encantamento, as avenidas debruadas de casas rodeadas de verde, gramados, jardins, chorões despencados. Tão São Paulo! A luz coada, a finura do ar, o frio bom e estimulante.

Num mundo que mudou tanto, tão outro eu mesmo, quase fico reconhecido de reencontrar os antigos marcos. A rua em que eu ia à piscina, todas as manhãs, a grande igreja quieta, um casarão que achava bonito e que amarelou, envelheceu, perdeu a antiga solenidade. O cinema que vi inaugurar, grã-fino e suntuoso, é hoje um cinema de bairro, com um jeito pobre e suburbano. Recortados contra o céu, na surpresa de uma esquina, os minaretes finos da casa do turco e em frente o bangalozinho de tijolos vermelhos que me abrigou na adolescência. Tenho saudades? Não tenho.

Sou turista do mundo, na cidade em que nasci, numa tarde sem programa, num pedaço de rua que já quase não reconheço. Gosto de revirar dentro do peito as emoções que me voltam desses antigos caminhos, com dores antigas e antigas alegrias, que já perderam umas e outras a sua força.

Mas me assusto, de repente, com a ruazinha estreita que, no meu tempo, não chegava até aqui. Entro por ela, espantado de que as casinhas geminadas, com o jardim anão, na frente, continuem tão iguais. A luz, o céu, o frio da tarde, as pedras desiguais da rua, a torneira de regar jardim, o gramado, a gradezinha, o terraço em que só cabia uma poltrona de vime e um antigo pé de samambaia, minhas duas janelas. Há mais de vinte anos virei aquela esquina para nunca mais.

Paro diante de um senhor que brinca com o neto, na minha porta, no meu terraço. Rua, jardim, terraço, são tão pequenos que preciso dar explicações. Não, não estou procurando ninguém, não vendo produtos, não vim receber nenhuma prestação.

Desculpe, era só saudade. Saí daqui com um menino igual a esse, os pés menores do que estes paralelepípedos em que um dia, deslumbrado, o vi tropeçar nos primeiros passos. É, tomava banho de mangueira, equilibrado nessa mesma torneira — como está polida! —, e era posto a secar sobre a grama.

Era uma beleza de menino! Ficou homem e me roubou um pouco, crescendo, daquela alegria de ter um menino, que é mais um brinquedo do que gente. Ainda não me acostumei com a ideia de que uma criança encaracolada que a gente borrifa de água e deixa secar na grama, antes da sopinha da tarde, de repente cresce por conta própria, faz a barba, bota a chave da casa no bolso, fuma, trabalha, sofre. Parece meio esquisito. Do homem e do menino a gente gosta igual, só que do menino resolve mais os problemas. Virei aquela esquina e desemboquei vinte e cinco anos para trás. Não contava chegar tão longe.

Mario Sergio

21/5/00

Ivan,

o Estadão *deu uma página com a Elsie.* Época *e* Veja *deram notinhas mínimas, ambas citando o Orígenes e você. Na* Correspondência *tem umas homenagens. Inclusive a minha, devidamente clandestina e incompreensível.*

Fiz uns cálculos: a Elsie deve ter escrito mais de 6 mil crônicas.

MS

TÃO OUTRA, EU MESMA

(*Artigo de Mario Sergio Conti no* Mais!, *em maio de 2000*)

Elsie Lessa detestava calor, pressa e mau humor. Gostava de viajar, de escrever, de conversar. O seu Rio de Janeiro predileto era o do mês de maio, depois dos exageros do verão, quando caminhava sozinha pela praia e nadava, inclusive nos dias de chuva. Ela levou décadas para se reconciliar com São Paulo, onde nasceu há 88 anos e teve uma infância pobre.

Sua mãe era dona de pensão. Seu pai, pastor presbiteriano, amava a literatura inglesa do século XIX. Era uma família quatrocentona, descendente de Brás Cubas, de há muito estabelecida nas Letras. Elsie Lessa era neta de Julio Ribeiro, o criador da bandeira paulista, autor de *Gramática expositiva da língua portuguesa* e do romance *A carne*, pedra de toque do naturalismo.

Aos dezoito anos, formada em contabilidade, e trabalhando como estenógrafa e datilógrafa para ajudar nas despesas da casa, casou com um primo, também ele filho de pastor presbiteriano, o escritor Orígenes Lessa, autor do romance *O feijão e o sonho*. Ela passou a frequentar os meios modernistas de São Paulo, escreveu contos e editou uma revista feminina, *Lar Moderno*.

Já com um filho, o jornalista e escritor Ivan Lessa, o casal mudou para Nova York durante a Segunda Guerra. Lá, Elsie fez curso de enfermagem, produziu programas em português para a rádio NBC e, como era linda, foi modelo e capa da *Harper's Bazaar*.

Orígenes e Elsie voltaram para o Brasil e em 1943 passaram a morar no Rio de Janeiro. Frequentavam as rodas boêmio-literárias, nas quais ela brilhava pela beleza, pelo bom humor, por gostar de ouvir e contar casos. Dois anos depois, começou a trabalhar em *O Globo* como repórter e cronista.

E que cronista. Nos seus primeiros dezesseis anos de jornal publicava crônicas seis vezes por semana. Depois, os textos se tornaram semanais e, nos últimos anos, quinzenais. Foram mais de 5 mil crônicas em 55 anos de trabalho.

E que cronista também em termos de qualidade. Elsie era culta, mas nunca foi nem fez praça de intelectual. Jamais escreveu sobre política ou a condição feminina, raramente sobre cultura e literatura, e só uma vez defendeu uma bandeira, aliás bastante impopular: a de que as brasileiras prestassem um equivalente ao serviço militar obrigatório. Elsie Lessa tinha uma sensibilidade artística que, combinada com uma vasta experiência, transformou suas crônicas num panorama da vida concreta brasileira.

Sensibilidade artística: seus poderes de observação desciam às minúcias do que descrevia e narrava. Descia aos odores e cores de uma cesta de maçãs vista na infância, aos borrifos do esguicho quando dera banho de mangueira no filho, no jardim de uma casinha em São Paulo, aos reflexos de uma vitrine em Roma. Detalhes, retalhos do passado povoavam suas crônicas.

Experiência de vida: Elsie correu o mundo, sua coluna teve o título de "Globe-trotter". Ela foi à África, visitou a América Latina e revirou a Europa. Conveniências familiares (seu segundo marido, Ivan Pedro de Martins, serviu na embaixada brasileira na Inglaterra, onde também morava sua neta Juliana) levaram-na a viver em Londres e Cascais, no litoral português. Viu muita coisa e muitas coisas contou, num tempo em que não havia turismo de massa, as viagens eram longas e complicadas (sua primeira ida aos Estados Unidos levou 45 horas) e o exterior era *terra incognita* para o grande público.

Vida concreta brasileira: onde quer que estivesse, Elsie escrevia como uma brasileira, para brasileiros. Seus temas não eram os grandes acontecimentos políticos, as altas autoridades, os fatos memoráveis. Ela escrevia sobre a moça no café parisiense, as praias cariocas, as ruas da São Paulo da sua meninice, buscando, sem pressa, captar a vida que se vive e o tempo que passa. Como registrou em "Jornada sentimental":

"Num mundo que mudou tanto, tão outra eu mesma, quase fico reconhecida ao reencontrar os antigos marcos."

O Brasil teve grandes cronistas neste século. E teve também Elsie, que compôs esse verso no meio de uma sentença: "tão outra eu mesma".

Ela gostava de citar uma frase de G. B. Shaw, dita quando a mãe do escritor irlandês foi cremada: "*... and my mother became that beautiful fire*".

Elsie Lessa morreu na quinta-feira, 17 de maio, em Cascais. Conforme pediu, foi cremada.

22/5/00

Mario Sergio,

o telefonema de João Gilberto foi sensacional. Impossível eu narrar. Também não retive tudo que ele falou. Mas foi bacanérrimo, carinhoso, disse coisas lindas, me comoveu e me pegou distraído em vários níveis, todos bons. Lembro-me de ter citado algo que Elsie também citava, ou gostava, aquela parte de "minha mansão tem muitas moradas". Havia muita luz no papo dele, o dia estava coberto aqui, tivera tempestade, e no meio da conversa o sol voltou. Uns bons vinte minutos. Bons no mais amplo dos sentidos. Resumindo, diria que me senti mais ou menos como um personagem do desenho animado Yellow Submarine. *Ele me falou e eu anotei o nome da autobiografia do tal Yogi. Dizem que o João é maluco? Então eu sou tanto ou mais. O livro está comprado.* Autobiography of a Yogi, *Yogananda, Paramahansa Yogananda. Sou tão maluco que vou ler quando chegar, amanhã. Ele botou no telefone o Moacyr, que para você e todos é o Otavio III (ou Tercei-*

ro, por extenso?). Lembramos Bolívar, Carlinhos Lyra no segundo andar da... etc. etc.

Abraço.

IL

22/5/00

Ivan,

na sexta o João ligou. Contei da Elsie. Foi ele quem tomou a iniciativa de pedir o teu número. A frase que ele citou está no Evangelho: "Na casa de meu Pai há muitas moradas".

A minha carta é uma crônica da Elsie. Só mudei do feminino para o masculino. Todinha copiada. Está no Canta que a vida é um dia. *Aquele menino tomando banho de mangueira é você.*

MS

23/5/00

Sergissimus,

Gladiator, do Ridley Scott, é mais ou menos feito essa sua jornada sentimental pela avenida Brigadeiro Luís Antônio devido aos exageros de maio em São Paulo. Só que com espada e decapitação nos primeiros dez minutos.

Deixa esse paralelepípedo aí e vem comigo. O que acontece é que Maximus sofre muito e acaba preso por uma trupe de gladiadores mambembes liderada pelo falecido (na vida real) Oliver Reed, que só tem um sonho na vida: a grande cidade, as luzes sedutoras da Via Appia, voltar a beber do néctar da fama e da fortuna! Basta com a vida de província! Conquistemos... Roma! Direitinho *Rua 42*.

Maximus recebe instruções de Reed (não peguei o nome romano dele), um calejado profissional. Todos os segredos e macetes da árdua profissão são passados por Reed a Maximus. Como a velha vedete ensinava à corista, nos musicais desse cinema da Brigadeiro Luís Antônio. Aí um dia a companhia do Maximus, liderada pelo Oliver Reed, chega a Roma, adentra o Coliseu (extraordinariamente bem digitalizado, como você notará), abafa, é um sucessão. A coqueluche da Cidade Eterna! Um ator clássico inglês, o Derek Jacobi, faz o papel de um senador que não vê com bons olhos nem o incesto, nem os planos socioeconômicos cesarianos. Há muita luta de espada no Coliseu, sem mostrar sangue correndo, membro decepado e víscera exposta, uma vez que precisavam pegar o certificado que permite o ingresso nas salas de menino americano preto e hispânico, entre catorze e dezoito anos, a quem o filme, que custou mais de 100 milhões de dólares, é dirigido, conforme acontece com a maior parte das coisas deste mundo.

Quosque tandem inda quae tamen!

Ivanus Lessarius

24/5/00

Ivan,

cheguei ao palácio da Alvorada, fui entrando e dei de cara com o FHC de roupão. Azul-claro. De tecido felpudo, tipo toalha. Tinha acabado de nadar e fazer hidroginástica. Para melhorar as costas. Tive outra ereção com os poderes da República. Lembra do Fernando Lyra? Pernambucano, foi ministro do Sarney. Pediu o seu e-mail. É seu fã e era da Elsie. Queria mandar uma mensagem.

MS

25/5/00

Ave, Lessa,

você tem razão: *Gladiador* é um primor de reconstituição histórica. Aquelas figuras másculas de minissaia parecem estar saltitando direto das páginas de Gibbon para a tela. O filme não informa explicitamente que a encrenca de Comodus com o pai começou quando ele defendeu a filosofia do neoconformismo. Ele a condensou numa lei leporina, a do mínimo esforço. Em latim: *Minimus eforterum*, que alude ao primo anão de Maximus, Minimus, um sujeito que aceitava os golpes do destino, inclusive as barrigadas do sumô, sem se rebelar ou revidar. A filosofia tomou o nome de "comodismo" em homenagem ao seu inventor.

Comodus não se limitou a teorizar. Sua grandeza foi ter colocado as ideias em prática. Como tinha preguiça de ir de manhã ao quarto ao lado e pegar uma toga Versace, Comodus inventou a cômoda, onde passou a guardar suas roupas, para comodidade dele e nossa, que até hoje nos beneficiamos da sua práxis.

Recitando a lei do mínimo esforço, o imperador também foi para a cama com a própria irmã, a deliciosa Lucila. Sem o vanguardismo incestuoso de Comodus, não teriam existido Édipo e Jocasta, Freud e a cunhada, Melanie Klein e Lacan e tantos outros casais felizes. Haveria hoje milhares de candidatos a psicanalista sem rumo pelo mundo, sem ocupação definida, engrossando as estatísticas de desemprego. Graças a Comodus, estão gordos e corados, gritando impunemente que o inconsciente se estrutura como linguagem.

MS

28/5/00

Mario Sergio,

lembrei-me de nossas discussões infindáveis à beira desses rios todos — Sena, Tâmisa, Tibre, Tietê. Seu idealismo sempre se chocou com o meu ceticismo, mas era um confronto amigo, terno, não chegava a assustar os peixes que, próximos e silentes, singravam a poluição dos homens com seus grandes olhos abertos em espanto e terror. "Vá logo ao assunto!", ouço você me comandando com sua voz doce e calejada pelo discurso no refeitório, na quadra de vôlei, no auditório de todas as universidades que você percorreu tentando levar luz, fraternidade e ação direta. O assunto? Pois bem, vou logo a ele.

Vi a retirada israelense do sul do Líbano, após 22 anos de ocupação. Vi a vergonha, vi o vexame, vi o desespero do exército israelense que abandonava o território libanês depois de ter perdido pelo menos novecentos soldados. Vi a euforia, vi a alegria, vi a esperança estampada no rosto dos libaneses que, embora com cerca de 20 mil mortos desde 1978, ainda confiam na justiça de sua causa.

"Por que se lembrou de mim?", ouço-o, Mario Sergio, novamente me perguntando, num tom algo mais áspero, como se eu estivesse insistindo em pagar a conta do bar que você, em sua generosidade, sempre insistiu em pegar rápido direto da mão do garçom e tacar no *expense account*.

Vi a retirada israelense do sul do Líbano e me lembrei da retirada norte-americana do Vietnã. Saigon, 1975. Aquela correria, aqueles helicópteros... Gritos, balas, bandeiras. Quanto vexame, quanta tristeza, quanto desperdício.

"E eu com isso?", é a indagação sua que percebo nas entrelinhas do tempo e do espaço que nos separam. Você com isso? Pois digo-lhe com todos os efes e agás e cês e as, e cês e emes:

esta guerra — a guerra do Brasil — também não poderá ser ganha.

O Brasil é nosso Líbano, Mario Sergio. O Brasil é nosso Vietnã. Somos Estados Unidos, somos Israel. Não poderemos vencer este conflito. Veja os dados: 110 milhões de brasileiros ganham menos de dois salários mínimos. Cinquenta milhões de brasileiros estão subempregados. Quarenta milhões de brasileiros estão desempregados. É uma questão de tempo — e pouco tempo — eles se darem conta que a vitória final está logo ali adiante, na esquina de uma quadra em Brasília.

Lutamos o bom combate, companheiro. Tentamos conter essa gente toda, esse bando de analfabetos, cambada de vagabundos, legião de safados e pilantras que fica aí se reproduzindo mais que barata. A história, sublime mestra, talvez registre que, um dia, dois amigos, mais meia dúzia de sonhadores, tentaram trazer do ar e fincar na terra um impossível castelo habitado por quimeras. Agora, é tarde. Nosso Líbano, nosso Vietnã se avizinham. Beba mais uma taça da champanha, pague a rodada com o *platinum card* e, depois, já sabe: embaixada e helicóptero.

IL

29/5/00

Ivan,

bom dia. Estava com a Lina. Fomos à padaria e depois à loja que vende passarinhos.

Mario

29/5/00

Ei,

a Lina foi a pé? Correndo atrás de você? Feito a Maggie, dos Simpson? Comprou bolos na padaria?

Aqui está muito chato, muito chato mesmo.

IL

29/5/00

Ivan,

fomos de carrinho. A Lina de gorro, que está frio. Ela fica no colo do balconista enquanto tomo o café. Dou um pedacinho de pão para ela mascar e ficar quieta.

MS

30/5/00

Camarada Lessa,

não compartilho o seu pessimismo. As condições objetivas para a mudança estão dadas: a miséria se espalha, o país se desnacionaliza, nossas matas ardem, o trânsito piora, as legendas dos filmes merecem intervenção dos capacetes azuis da ONU e os ricão estão cada vez mais no bem-bom, fumando charuto enquanto açoitam o esquálido que puxa o riquixá ladeira acima. As condições subjetivas, porém, não estão maduras. Como no poema do W. H. Auden, os pobres se acostumaram à situação, carregam paralelepípedos sem reclamar. De modo que o Brasil permanecerá por mais uma quadra histórica tal como está: paradão, tirando sua soneca secular em berço esplêndido.

Em todo o caso, qual o Pefelê,* já preparo o nosso desem-

* PFL, Partido da Frente Liberal, agremiação formada por entusiastas da dita-

barque. Não seremos os últimos a abandonar o *Titanic* nacional. Não, de jeito nenhum. Estaremos na vanguarda. Daremos uma ousada pirueta dialética e, quando menos se esperar, estaremos do lado de lá das contradições do materialismo histórico, com nossas boquinhas na nova situação, mandando e desmandando, o paletó atrás da cadeira na repartição e o aviso de que descemos para tomar um café e voltaremos logo, logo.

Estou cavando para nós postos de direção no Comissariado do Povo para Assuntos Culturais. Além das esperadas medidas de praxe: empalamento de Ivan Lins no Obelisco do Ibirapuera, ao som de "Madá, ô Madá, o Mada-le-le-le-le-lena"; guilhotinamento coletivo de duplas caipiras e contistas mineiros na praça dos Três Poderes; reeducação dos membros da Academia Brasileira de Letras através de um programa de corte de cana na Zona da Mata.

Ousar lutar, ousar vencer!

MS

1º/6/00

Mario Sergio,

os pobres da minha época tinham uma navalha, uma camisa amarela e eram amarrados numa cabocla lá no morro, onde, felizes, viviam todos pertinho do céu. Quem tacava ficha neles era sambista. Noel, Orestes, Ary. Não era por mal, não. Eles achavam aquilo mesmo. Amor lá no morro era amor pra chuchu. Depois é que vieram os comunistas com essas histórias de tese, antítese e síntese, exploração do homem pelo homem, alienação e Cavaleiro

---

dura militar que posteriormente, não se sabe bem por quê (deve ser coisa de marketing), adotou o nome Democratas e a sigla DEM.

da Esperança. Mesmo assim, quase ninguém votou no Rato Fiuza, em 1946.* Eles, como bons pobres, pediam pra botar o retrato do Velho outra vez, botar no mesmo lugar, porque um sorriso do Gegê fazia eles trabalharem, trabalharem, trabalharem.

Você viu o novo templo da arte moderna inaugurado aqui em Londres? Tate Modern? Do outro lado do Tâmisa, uma antiga usina de energia elétrica convertida. Sete andares de Picasso, Warhol, Matisse e Mondrian. A rainha foi lá conferir o que andaram fazendo com 400 milhões de reais gastos na obra. Olhou, olhou, ficou muito séria. A rainha só ri de cavalo com gases. Está certa. O mundo tem pouca coisa divertida. Cavalo com gases — braaap! — é uma delas.

Não há nada mais triste do que o homem diante da obra de arte. A força do bruto em tentar sentir algo. Ele sabe que está acontecendo alguma coisa de importante ali em frente dele. Ouviu dizer. Tudo conspirou para esse momento de confronto: os museus e os livros, os jornais e as revistas coloridas, os leilões e os cifrões, o discursar pedante de um inimigo. No fundo, humilhado, o que ele queria mesmo era o cromo da *Manada de elefantes*, o pôster da *Tenista de costas sem calcinha*, aquele clássico que você citou outro dia mesmo: *Preto velho fumando*.

Fui a uma galeria de arte apenas uma vez na vida. Louvre, 1956. Tive uma única preocupação: evitar pegar distância, sair correndo e dar uma cabeçada na — digamos — *Mona Lisa*. Nunca vi nada mais deprimente do que meu semelhante e eu à beira da experiência estética. De lá para cá, sempre recomendei, ao invés, bebida, drogas e mulheres pagas.

Ivan Lessa

* Na verdade, o prenome do candidato era Yedo. Ele teve 500 mil votos, 10% do eleitorado.

4/6/00

Prezado cavalheiro,

andei indagando aqui e ali sobre cigarros: de onde vieram e para onde vão? são produto de uma inteligência superior, extraterrestre? Eram os deuses fumantes? Entre outros objetivos, queria descobrir por que e como as pessoas tentam parar de fumar. Acabei batendo à porta de um Instituto de Auriculoterapia. A boneca nunca ouviu falar em auriculoterapia? Pois trague profundamente o seu cigarro enquanto troco de parágrafo.

Não se trata de uma ciência milenar, a auriculoterapia. Existe no Brasil desde 1976. Veio da França. Suas raízes se encontram na China. Mais precisamente, numa variante da medicina chinesa, a acupuntura, essa sim milenar. A auriculoterapia, como o próprio nome diz, se concentra na orelha. Na direita, se o paciente for destro. Na esquerda (como você já concluiu, com seu tirocínio invejável), se canhoto for. Ela não trata de problemas de audição, como se poderia imaginar. A auriculoterapia visa arrancar as vítimas do tabagismo das garras do vício. Arrancar pela orelha.

Mas não puxando a orelha. Há duas técnicas. A primeira consiste em aplicar um ponto cirúrgico na cavidade auricular do tabacômano, e retirá-lo um mês depois. Na outra, se aplica um raio laser infravermelho no ouvido do viciado. Tanto num como noutro caso, reza a auriculoterapia, o viciado se transforma num ex-fumante, desde que, complementarmente, deixe 150 contos com a secretária do instituto, e, durante duas semanas, beba doze copos d'água por dia, e se abstenha de tomar líquidos com cafeína ou álcool.

Cá estou eu, com um charmoso laço cirúrgico na orelha direita, costurado com uma linha tão negra quanto o pulmão de uma graúna que fuma dois maços por dia. Submeto-me, também, a um tratamento com cloridrato de bupropiona, cuja marca de fantasia é Zyban. É um antidepressivo cujo efeito secundário possibilita, diz-se, o atenuamento da compulsão, traço definidor da personalidade dos nicotinômanos.

Estou de olho em dois outros tratamentos antitabagísticos. Um usa técnicas afro-brasileiras. Abro o jogo: macumba. O segundo é a novena em devoção a uma daquelas pastorinhas de Fátima. Não lembro o nome da menina. É a que fumava.

Mario Sergio

6/6/00

Garotão,

auriculando, hem? Brinquinho no lóbulo direito, é? Por que não foi direto de piercing? Você brinca como eu brinco? Tudo bem. Não se acanhe. Agora, parar de fumar é diferente. Você deixa a orelhinha em paz. Simplesmente apaga o cigarro e não fuma mais. O resto é conversa. Adesivo, goma de mascar, hipnose, feng shui, reiki, homeopatia: nada disso funciona.

Até 1973, eu não fumava. Achava um vício odioso e fedido. Mas você me conhece. Sempre me interessei por carro em alta velocidade. Desde a época do Chico Landi. Do Pintacuda. Surge então o grande Emerson Fittipaldi. Lembro-me do GP Marlboro do Brasil de Fórmula Um, em Interlagos. Um assombro! Verdadeiro show de tecnologia e esportividade! Um e outro, homem e máquina, em perfeita harmonia, já preconizando estes nossos dias de *high tech* e *body piercing*. Causou-me forte impressão o uniforme vermelho com babado branco de Fittipaldi, as cores idênticas às do seu possante engenho vencedor, coberto com o nome do produto a quem, em minha inocência, eu julgava o responsável pelo feito técnico, esportivo e — por que não dizê-lo? — espiritual. Seu nome era... Marlboro! O simples nome era sinônimo de vitória e meu Brasil inzoneiro, projetado internacionalmente num contexto saudável e não nas controvérsias milico-ditatoriais de então.

Com o fenômeno da Fórmula Um, as primeiras transmissões exclusivas da Globo e nossa glória nos autódromos e pistas mundiais, pus-me a raciocinar: "Puxa, se esse cara, tremendo esportista, me recomenda Marlboro, então é porque o negócio é bom mesmo! É nesse que eu vou!". E desandei a fumar. A cada conquista de Fittipaldi, aumentava o número de cigarrinhos consumidos. Naquela época, só tinha Marlboro importado, seu moço! Vinha tudo do Paraguai em avião oficial (não me faça muita pergunta) junto com uísque (preferíamos Buchanan's). E todo mundo tinha seu fornecedor. (O meu se chamava Maurício. Era turco.) Eu tragava como um louco. Tragava e tomava uns tragos. A Fórmula Um, se me permite engrenar uma metáfora pífia, era minha cachaça.

Nunca mais olhei para trás. Só quando dos dias de glória daquele outro gigante do sétimo esporte, Ayrton Senna, é que passei dos dois para os três maços de Marlboro por dia. Continuo nos três maços e passo para quatro no dia em que o nosso Rubinho Barrichello começar a receber bandeira quadriculada na proporção que seu talento merece e exige. Chegará lá! Lá chegaremos!

Por enquanto: vrrum, vrrum! puf, puf! cof, cof!*

IL

8/6/00

Nego,

nem ti conto. Nós tava de bico baixo. Nós os parmerense, morou? Aqueles que os outro chama a gente de porco. Nós num

* Essa carta foi escrita com o gentil patrocínio da Philip Morris Inc.

gosta, mas vá lá: porco. No primeiro jogo da Libertadores a gente tínhamos perdido de 4 × 3 pra negada do Parque São Jorge. No último minuto. Maior injustiça. Depois nós peguemo o Santos. Enfiamo dois nos peixeiro, assim, de cara. Mas no meio do segundo tempo eles vieram e fizeram um. Fizeram dois. Fizeram três e botaram a gente pra fora do campeonato paulista. Pois é: nós tava de bico baixo.

A gente tinha que pegar os curintiano de novo. Eles tava melhor que a gente: se empatassem, iam pra final com os cucaracho. Os preto tavam ouriçado. Tavam uma piciroca. Queriam se vingar da gente, que no ano passado eliminemo eles da Libertadores e fumo pra Tóquio.

Agora vem o mais chato de contar, Ivonaldo: a turma medrou. Você nos conhece a gente. Sempre tamo lá. Ainda mais contra a criolada. Não precisa nem ser campeão, desde que a gente estraçalhe o Curíntia. Mas o pessoal tava tão borocoxô que começou a inventar desculpa. Um disse que não podia largar o trampo. Outro, que tava resfriado e num queria pegar friagem. Outro, que a gente era pé-frio: o Parmera sempre perdia em final que nós ia. É verdade. Só que ainda não era final. Cambada de frouxo.

Bom, aí num fumo. Fiquei em casa. Vi pela televisão. Partida rápida, boa. A câmera nem conseguia dar repeteco. O Euler foi lá e, ó, 1 × 0 pro Palestra. Durou pouco a alegria. O Luizão empatou e terminou o primeiro tempo. Começou o segundo e o catzo do Luizão marcou de novo: 2 × 1 pros desdentado. O Alex mandou um tijolaço e empatemo. Aí veio o Galeano e, pimba, 3 × 2 pro verdão. Acabou o jogo.

Fumo pros pênalti. Cinco pênalti pra cada lado. O coração: tum-tum-tum. Os cara cobraram oito e todos entraram. Empate. Fumo pro último pênalti. Do nosso lado chutou o Júnior, cracaço: gol. Aí veio o deles bater o último. O Marcelinho Carioca.

Manja o tipo: altura de pintor de rodapé, folgado como todo carioca, tem um papo de crente nas mesa-redonda mas vive dando cotovelada no campo, um desses arrogante que come mortandela e arrota peru. O nanico fez aquele jeito de quem tem o rei na barriga, correu, deu um bico forte e rasteiro no canto esquerdo... e o Marcos defendeu!

Cara, que Copa do Mundo que nada. Passava da meia-noite e a cidade era um foguetório só, um buzinaço do Morumbi ao Parque Antártica. Gritei tanto que a nenê acordou.

MS

11/6/00

Contíssima criatura,

taí, você me pegou desprevenido. Já o vira, por trás das lentes de seus óculos poderosos, pinho ao colo, fazer a imitação — excelente, aliás — do esplêndido Adoniran Barbosa. Não conhecia era esse seu fôlego e intimidade com o dialeto regional urbano. Também me causou espanto saber da sobrevivência da Società Sportiva Palestra Italia. Pensei que tivesse acabado juntamente com o Germânia, o Scotch Wanderers, o Mackenzie, com o Lusitano, dos portugueses, e o Corinthians, dos espanhóis. Aí, juntei nome e pessoa. Ah, sim, Palestra Itália, Palmeiras, claro! Lembro-me como se fosse hoje...

Entre janeiro e julho de 1942, submarinos italianos haviam afundado, quase na costa de nosso país, 73 navios da Marinha Mercante brasileira. Após o torpedeamento, ignorando as convenções de Genebra, as tripulações italianas, em vez de socorrer nossos marujos, os violavam, juntamente com suas respectivas senhoras. Houve inquietação e indignação entre as populações dos grandes centros urbanos, principalmente em São Paulo, onde a colônia italiana — ou carcamana, conforme se dizia no carinhoso e pitoresco linguajar da época — mantinha um altaneiro *high profile*, para adotar uma expressão idiomática de nossos dias. Remanescentes da Semana de Arte Moderna, mais alguns intelectuais liberais da época, juntaram-se na praça da Sé e saíram quebrando tudo quanto é estabelecimento comercial com nome que ameaçasse cheirar a orégano, soar a Verdi, lembrar a leitura de Pittigrilli. Não sobrou cantina, empório ou vendinha no Bixiga. Mandaram brasa, meteram a mão. Ficou conhecida como A Noite da Polenta.*

Que é que o senhor me diz da atuação do Guga na final de Roland-Garros?

IL

13/6/00

Prezado confrade,

não assisti ao inolvidável triunfo auriverde no majestoso palco de Roland-Garros, arrastado que fui pela corrente-pra-frente que, qual sinuosa jacuruçu, percorreu o país do Oiapoque ao Chuí, conclamando os brasileiros ao sagrado dever de torcer pela vitória de nosso compatriota barriga-verde. Sim, porque você, exilado, está por fora: o tênis agora é um esporte popularíssimo no Brasil, perdendo apenas para o críquete e o beisebol. Hoje mesmo, na padaria, dois pedreiros conversavam sobre *match points* e *tie-break* enquanto tomavam a sua pinga matinal. Estamos progredindo, Lessa.

Como há um chuvisco permanente na tela da minha pequena televisão, nem sempre dava para ver a bolinha. Mas deu para

* Há uma alusão ao episódio em *Sob as ordens de mamãe*, de Oswald de Andrade.

ouvir o discurso em inglês de nosso despenteado campeão depois de levantar a taça: ele agradeceu aos organizadores do torneio, cumprimentou o adversário, mandou beijos para a mãe e, dando uma raquetada no nacionalismo esportivo, em nenhum momento pronunciou a palavra *Brasil*. É isso aí: pra frente, Guga!

Acho tênis uma chatice. Esportes, para mim, existem quatro: a sinuca, a natação, o cinema e o futebol. Você, formado na escola do *Cahiers du Cinéma*, talvez discorde de o cinema ser uma modalidade esportiva. Mas é. Senão, vejamos: pagamos ingresso para entrar, admiramos certos atletas (atrizes, diretores etc.) e torcemos para times (filmes) em determinados campeonatos (o brasileiro é o de Gramado, o europeu é o de Cannes, e o americano é o Oscar). Ou você ainda acha que cinema é cultura, sétima arte?

MS

13/6/00
Mestre,

sorry, mas vou te chatear. Vou domingo para Portugal lidar com coisas desagradabilíssimas e com as quais não tenho jeito. Estou com aquele Alien me roendo a boca do estômago. A granolina já dá para estranhar. Passei hoje no banco. Nada. Fui ao contrato do UOL: a remessa é para ser feita dia 5. Devem ter esquecido, confundido, uma brasileirada dessas.

IL

15/6/00
Contíssima criatura,

depois de tecer alguns comentários desairosos a respeito do tênis e de nosso grande Guga, você insiste em classificar os esportes que, em sua opinião, são os únicos existentes, a saber: sinuca, natação, cinema e futebol. Mas... mas... como assim? Estou estupefato! Não será porventura o sexo o mais antigo e nobre dos esportes? Que é o tênis senão uma variação camuflada dos jogos de Eros? E aquele grunhido do estupendo Guga? Orgasmo orgástico, embora um maldoso comentarista britânico tenha se referido à emissão primeva como "*someone suffering from terminal constipation*".* Mágoa desse povo frio e insosso incapaz de reconhecer um gemido que deve mais a Vênus do que à Nike. Mas tergiverso. Sinuca é quase que sexo em seu estado mais puro, meu jovem. Taco, caçapa, aquele giz azul. Se você não notou isso antes, seu moço, leva trinta pontos de vantagem com três vermelhas.

IL

18/6/00

Lelessa,

cá estou, no hemisfério norte. Um pouco acima da latitude zero. Em cima da linha do equador. Ainda em território subdesenvolvido. No Quarto Mundo. No fim do mundo. Quase fora do Brasil. Estou, sim!, em Macapá, capital do Amapá. Realizo o sonho de uma vida inteira: uma viagem de telúrico turismo sexual. Vou me esbaldar com macacaúbas, pirarucus, tucunarés. Só preciso cuidado para os macapaenses não me macaparem.

Macapá é uma mistura de Cuiabá com Nairóbi. O prédio mais alto tem três andares. O mais antigo foi inaugurado em 1974. O mais novo, em 1981. A cidade começou ontem e já aca-

* Alguém sofrendo de constipação num terminal (de aeroporto ou rodoviário, supõe-se).

bou. É possível passar a vida sem entrar num elevador nem subir uma escada rolante.

Macapá é plana. As ruas, largas e esburacadas, são todas iguais. Ainda não inventaram a calçada. Não há vassouras. Nem espanadores. A poeira está em toda parte, misturando-se com a umidade que vem do rio barrento, o Amazonas colossal. Todos os dias, às 16h12, chove. Às 16h17 a chuva vai embora e imediatamente volta o mormação bravo, o ar parado, o calor que faz com que *O estrangeiro*, do Camus, pareça se passar na Islândia.

Macapá é escura. A iluminação pública é uma piada. Os pontos de ônibus estão sempre cheios. Os ônibus demoram. Os táxis cobram os olhos da cara. Os restaurantes são barracas ao ar livre. Neles, a televisão está sempre ligada, e os alto-falantes também. A cacofonia disfarça o vazio. Um vazio amazônico, descomunal.

As casas de Macapá são mal-ajambradas. As lojas, toscas. Não há indústrias. Nem agricultura. Vive-se do extrativismo e, sobretudo, do Estado. A maioria da população é de funcionários públicos. Nas bancas, há todas as revistas pornográficas do Brasil, mas nenhuma delas vende jornais do Rio e de São Paulo. Há TVs a cabo e (como você está me lendo) conexão local com a internet.

Em Macapá não há pedintes nem meninos de rua. Não há McDonald's. Nem shopping centers. No ano passado inauguraram os dois primeiros cinemas. Não vi um carro importado. Não vi ninguém de gravata, exceto quando olhei no espelho. Todo mundo do governo tem celular.

Macapá é de uma pobreza homogênea, monótona. Como fica numa zona de cerrado e campos baldios, a Amazônia que se dá a ver é mirrada. Em vez de exuberante inferno verde, contempla-se uma paisagem parda, de árvores acanhadas. O ar geral é de paralisia, de desolação. O tempo não passa. Os dias se repetem. O calor sufoca. O bafo que vem do Amazonas é eterno. Jamais fará frio. O desenvolvimento é uma miragem. O futuro nunca chegará.

Mario Sergio

20/6/00

Contíssimo,

você é que é feliz, primo! Macapeando, hem? Eu estive aí, pouco acima da latitude zero (acho que na época era 0,32 cm, uma coisa assim), em 1962, quando o progresso ainda não chegara àquela que, então, era conhecida como A Capital Mais Sestrosa do Brasil. Ary Barroso fez um samba-exaltação, se não me falha a memória. Mas você me fala em iluminação pública, ponto de ônibus, táxi, barraca, televisão, alto-falante, funcionalismo público, revista pornográfica, conexão com internet.

Na minha época — foi uma viagem que fiz, na qualidade de intérprete, acompanhando um casal de homossexuais americanos brasilianistas — não tinha nenhum desses luxos, nhô não. Era só supuiçá, caramaju, irimanhém (pardo e tordilho), sassaís e tirimarés. E comunista, claro. Pregando seu credo ateu e sua filosofia malsã. Mas era tudo em tal profusão que chegava a ser belo. Naquele tempo, ainda se acreditava na possibilidade de um Brasil melhor e mais justo.

Você vai gostar muito do mais recente romance do Philip Roth. *The human stain*, "A mancha ou mácula humana", digamos.* O personagem principal é um professor de literatura clássica, homem de seus setenta anos, que, de repente, perde a posição na universidade em que, além de lecionar, é deão, devido a

* Publicado no Brasil com o título de *A marca humana* (São Paulo: Companhia das Letras, 2002), o romance deu origem a um filme no qual, estranhamente, vários personagens acham que o ator Anthony Hopkins é preto.

uma frase supostamente carregada de incorreção política. O que interessa é que, a certa altura, nosso companheiro está, como sempre aos sábados, entre 6h e meia-noite, ouvindo uma rádio FM onde só tocam discos das velhas big bands e jazz. Diz ele:

"Tudo que há de estoico em mim se desgarra e a vontade de não morrer, de não morrer nunca é quase que insuportável — e tudo isso por ter escutado Vaughn Monroe."

Logo adiante comenta:

"Que qualquer pessoa, nascida em 1926, tente ficar sozinha em casa, num sábado à noite em 1998, ouvindo Dick Haymes cantando 'Those little white lies', que tente e depois venha me dizer se finalmente compreendeu ou não a celebração da doutrina da catarse através da tragédia."

Isso aí. Roth errou o nome da música. Não tem "Those". É só "Little white lies". Composta, letra e música, por Walter Donaldson. Haymes gravou no dia 3 de novembro de 1947 para a Decca, acompanhado do conjunto vocal Four Hits and a Miss e a orquestra de Gordon Jenkins.

Ouça. Faça, façamos, uma boa viagem.

Ivan Lessa

22/6/00

Van Ess,

ah, então era você! Aqui em Macapá ouvi muitas histórias sobre Bob, Bill e Van Ess. A descrição bate: Bob e Bill formavam um bonito casal de homossexuais brasilianistas, e estavam sempre acompanhados por um mulatinho empombado e buliçoso chamado Van Ess. Pensava eu, ingênuo, ser uma alusão ao desodorante, quando, na verdade, o nome é uma corruptela de "Ivan Lessa".

Philip Roth. Os trechos que você transcreve ecoam aquela

frase que você sempre cita: numa determinada faixa de vinil será sempre 1967. Não são essas as palavras. Mas o sentido é esse, borgiano.

Dick Haymes. Tenho só uma música com ele, "The way you look tonight". Faixa gravada por você. Lembra? Você me deu a fita em 6 de janeiro de 1998, Dia de Reyes, em Barcelona. Você defendeu, baforando seu cigarro na poltrona do nosso modesto hotel, que o Haymes, o Eckstine e o Hartman formavam o trio das vozes mais bonitas da música popular americana. Tentei obtemperar. Mas e o Sinatra? E o Bing Crosby? E o Nat King Cole? Você seguiu olhando os anéis de fumaça, e informou que o Dick Haymes, ao gravar "The way you look tonight", em 1957, estava no fundo do poço, enchendo a cara, e tinha o melhor motivo do mundo: divorciara-se de Rita Hayworth. Essa fossa, dizia você, impregnava a voz do cantor, formando um "troço compacto, verdadeiro, redondo", se bem recordo suas palavras.

Dias depois nos separamos. Segui viagem pela península Ibérica.* Ouvia Dick Haymes no gravador do carro. Até hoje ele me lembra motoristas barbeiros, cheiro de bacalhau, igrejas rococós, vinho do Porto, mulheres de bigode, o Tejo.

Mario Sergio

23/6/00

Mestre,

deitei 1h da manhã, acordei às 4h30. Esperava-me um cheque. Anexo uma carta do banco pedindo para especificarem remessa. Ou seja: mandaram para meu nome e o banco, que deve ter em Londres umas duzentas agências.

* Onde ficam Portugal e Espanha.

Cascais foi duro. Naquele dia em que falamos não dormi. Sua matéria sobre música me comoveu até. Não foram aquelas bobagens que eu fiquei escrevendo no saguão do hotel numa letra de fôrma horrenda? Foram. Mas tem um molho. E saber que você ouviu foi bom. Achei que, com exceção do "Just a gigolo", você tinha cagado e andado.

Ivan

25/6/00

Meu caro,

você tinha razão, Portugal é mesmo um jardim à beira-mar plantado. Só que se esqueceu de falar das pedras. Como tem pedra, ô pá! Uma em cima da outra. De tudo quanto é tamanho e em várias cores. Eu me amarrei mais foi naquelas cinzentonas de Albemirra. Aquelas com poucas arestas, quase quebradiças. Em Tarugo, perto de Loucimães, uns meninos (sabia que eles chamam de "miúdos"? Como são ignorantes, coitados) brincavam com umas cor de areia, brilhantes, muito duras, correndo, pulando e chutando-as.

A televisão por cabo conta com dois canais brasileiros. Imagina que o José Lewgoy tem um canal só para ele. Você liga o aparelho e, a qualquer hora do dia e da noite, lá está o histrião, fazendo ares expressivos nas mais diferentes idades e cores. Vi-o, por exemplo, trintão, em Fariascolor, correndo atrás do Roberto Carlos, em típica disparada dos anos 60. Poucas horas depois, em branco e preto Amleto Daissé (cognominado à época o Rei do Contraste), o bom vilão cobria de tapa e cuspe na cara a doce Ilka Soares em *Mulher é para essas coisas* (Cinarte, 1949). Numa das centenas de trailers dos milhares de festivais de curtas, médias e longas, de que consta a programação, podemos vê-lo na "vida real" recebendo um prêmio ou outro, com merecimento e causa. São em geral, estas cobiçadas estatuetas, montadas em pedras lusitanas legítimas, dessas que supramencionei.

Muitos craquinhos,

Ívan

26/6/00

MS,

outro dia ouvi uma faixa de CD de João que eu não conhecia. Best of 2 worlds. *Com Miúcha e Getz. Pedi e já confirmaram remessa. Sensacional. Você deve odiar, né? Quer teu João a palo seco, é isso?*

IL

26/6/00

Ivan,

*tive esse CD do João com a Miúcha e o perdi.** *O João está indo para Londres. Acho que viaja direto dos Estados Unidos.*

MS

27/6/00

Ei,

cheguei em casa e tinha o CD de João, Getz e Heloísa me esperando. Quarenta e poucos minutos. Sensacional. João e você devem

* O disco foi reencontrado. Infelizmente, com um arranhado irreparável na faixa 2.

odiar. Como é mesmo? Grito na catedral? Não, não. E Getz estava perdendo a embouchure. *"Retrato em branco e preto" demais de bom. Tem solo de João só no violão. Lindo de morrer. "Isaura" em português com João e Miúcha em inglês, tiquinho só. Ual!*

IL

27/6/00

Ivan,

o do grito na igreja refere-se ao primeiro, o com a Astrud.

MS

28/6/00

Filho gentil,

mas o grito na catedral refere-se ao sax de Getz, portanto é válido, até mais, para esse álbum. Quando João canta, Getz, que era dos mais brilhantes músicos de sua geração, sopra baixinho l'atrás. Manjava das coisas. Na hora de solos, o tal grito. Mas é questão de acostumar o ouvido.

IL

29/6/00

Ivan, ó Pá,

você passeava em Portugal e eu, a duras penas, consegui sair de Macapá. Não foi a nado, atravessando o Amazonas com uma faca entre os dentes, mas quase. Eis-me de volta à... Ia escrever "civilização".

Voltei e entrei num programa que você apreciaria imenso:

visitar a Mostra do Redescobrimento — Brasil + 500 (é esse o nome oficial, sentiu o drama?). É um vale-tudo que você não faz ideia. Cabem alhos e bugalhos. Tudo jogado contra paredes de cores berrantes, com música de fundo, painéis imensos, fotografias idem. Sem ordem. Sem preocupação em integrar um todo. Sem perder um minuto em definir o que seja arte popular.

Trouxeram muita coisa do Aleijadinho e do barroco. A coreografia da exposição é de fazer o Joãosinho Trinta parecer um cara sóbrio. Ela misturou toras de árvores, flores artificiais e músicas de procissão. As toras aludem ao desmate de nossas florestas? As flores, confeccionadas por presos do Carandiru, querem dizer que o belo nasce do trabalho de criminosos? A música, que o barroco era religioso?

MS

2/7/00

Mio caro Conti,

eu também já fui um maneirista antes de fazer-me barroco (10 de outubro de 1962, entre 3h e 5h da tarde), com minhas ambiguidades extasiantes, minha exuberância e dramaticidade. Do Leme ao Posto 6, no Rio, pazinhas de brincar com areia amarradas no toco dos braços, cognominado o Aleijadão do Fiorentina, esculpi minhas estações, meus passos da cruz, por toda a orla marítima. Bem em frente ao Bolero, ali no Posto 5, para quem souber ver, ainda há uma de minhas construções na areia: uma mulher com cara de louca dizendo: "Vai embora, vai. Vai embora de vez da minha vida".

Você tem toda a razão. Quando ciceroneei os chibungos brasilianistas americanos, Bill e Bob, em Macapá, eu era conhecido pelo apelido de Van Ess. Só me esqueci de explicar por quê.

Você se esqueceu do slogan do desodorante: "O íntimo da mulher". Lembra-se agora? Quem assim me batizou, aí mesmo, em São Paulo, foram suas duas irmãs, Concetta e Assunta. O bom gosto e a consideração a você impedem-me de maiores esclarecimentos.

Meus respeitos a Concetta e Assunta,

Van Ess, o íntimo da mulher

3/7/00

Cara,

peguei nossa audiência em maio e junho. Temos uma média de 2100 acessos diários. Tem dia que só temos cem acessos. E tivemos três dias com mais de 13 mil: 16 de maio ("Síndrome sueca"), 8 de junho ("O futebol é uma caixinha de surpresas") e 13 de junho ("O cinema é um esporte"). Se lógica há, é a seguinte: leitor é atraído por sexo e esporte. As chamadas, nesses dias, deviam ter essas duas palavras. O Caio acha a audiência boa. E os picos, os acima de 10 mil, excepcionais. Não acho que seja o caso de calcarmos nos temas sexo e futebol.

Até,

Mario

4/7/00

MS,

estou ainda digerindo as informações. A falta de chamadas me grila. E brasileiro é burro. Até entender que está em colunistas, já era. Nunca esquecendo a regra básica internética: você tem dez segundos para pegar a atenção do freguês. Li isso em algum lugar e guardei.

IL

4/7/00

Caro mio,

Concetta e Assunta mandam lembranças e cafunés. Elas não esquecem o tempo em que vocês trabalharam juntos em São Paulo. Concetta diz que jamais teve um empresário como Van Ess: íntimo das mulheres, protetor, rígido, mas sempre justo na hora de dividir os ganhos que ela auferia. Assunta lembra com saudade um estabelecimento comercial onde vocês batiam ponto. La Licorne era o nome.*

Estou há um tempão para comentar os meus discos novos. Novos não, velhos. Discos de verdade, LPS, esses objetos que as jovens gerações desconhecem, assim como nunca viram fichas telefônicas. Mais um pouco, terão de procurar no dicionário o sentido da expressão "cair a ficha".

Seguinte: morreu o pai de uma conhecida. Por meio de uma amiga comum, ela gentilmente me convidou para dar uma olhada na discoteca do pai, um intelectual com vida dedicada ao teatro. Generosa, a moça deixou que eu pegasse os discos que me tiraram do sério.

Esse que está tocando, aposto, nem você nem o Ruy Castro têm: Marlene Dietrich cantando ao vivo no Golden Room do Copacabana Palace, num show que teve a supervisão do Burt Bacharach. A faixa com "Luar do sertão", cantada em português, não sai da vitrola.

Quer mais? Pois não. John Gielgud atacando trechos de *Romeu e Julieta* e *Hamlet*. Aquele que ouvi na tua casa: João Villaret declamando Camões, Bocage, Sá-Carneiro e Fernando Pessoa. Uma antologia de poesia em língua inglesa lida pelos próprios autores. Começa com o Eliot, passa pelo William Carlos Williams e termina com W. H. Auden e Elizabeth Bishop.

MS

* Filial paulistana do celebrado tapeceiro Cluny, cuja matriz fica em Paris.

4/7/00

Ivan,

tarde da noite. Na floresta, todos os bichos dormem, inclusive o senhor e a senhora Coelhinho. Toca o telefone:

— Mariozinho, vamos para Londres encontrar o nosso Ivan Lessa?

— Vamos.

— Mas temos que ir antes para Barcelona. Você topa?

— Topo.

João tem um show aí. Acha que é no meio do mês. Está com as mãos inchadas e não foi ao médico. Incharam desde o show no Carnegie, há uns quinze dias. Não está fácil cancelar os shows na Europa. Pegou mal ter atrasado uma hora para entrar no palco do Carnegie. Atrasou porque ninguém lhe falou o horário. Cantou de óculos escuros. Um óculos todo cheio de arabescos, de adereços, de baixos-relevos. Um óculos inacreditável.

Diz ele: "Só falta ter duas flâmulas do lado, como aquelas que os pedreiros punham nas bicicletas. Estou pensando em alugar espaço no óculos para botar propaganda eleitoral".

MS

6/7/00

Mario Sergio,

discos. Tudo verdade. Existiram. Eu os vi e ouvi. Como essas pessoas que foram sequestradas por alienígenas e sofreram sondas indignas, pertenço a um clube destinado a discutir (em sigilo) o fenômeno. Ninguém acredita em nós. Riem, fazem troça. No entanto, os discos estão por aí. Cada vez mais próximos, cada vez mais distantes. Próximos: seu vizinho pode ser, disfarçado, um homem de disco. Distantes: apreciadores tendem a não alardear o fato.

Foi há muito tempo. Precisamente meio século. Setembro de 1950. Eu acabara de filmar *Maior que o ódio*, na Atlântida, onde interpretara muito mal um papel razoável, o de Anselmo Duarte quando garoto e da fuzarca. Safado, ladrão e mau-caráter, desencaminhava o Agnaldo Rayol, que eu apelidara de Magriça. Agnaldo Rayol cresceu e virou o Jorge Dória. Eu, quando virei o Anselmo (como a vida imita a arte, meu Deus!), matei com um tiro no peito o bandido Zé Lewgoy.

Isso tudo são detalhes. O importante é saber que, com quinze anos, eu auferi dezessete contos, incluindo quinhentos mil-réis por dia de dublagem. Eu fui e comprei minha primeira vitrola com LP e 45 rotações de um aviador que morava na Princesa Isabel, ali perto do Lido, no Rio.

O resto é confuso como os eventos que antecederam o gol de Ghiggia, dois meses antes de completadas as filmagens. No dia — fatídico, como dizem os outros poetas, os da cabine de locução — 16 de julho, eu estava em Buenos Aires e ouvi o jogo narrado em castelhano na casa de um poeta amigo de meu pai. Na Calle Corrientes, havia uma loja de discos com 78 rpm do Billy Eckstine na vitrina, cantor que eu só conhecia de rádio. Foi em Buenos Aires que comprei meus primeiros discos do Billy Eckstine.

De volta ao Brasil, na loja Musidisc, LP que não acabava mais na vitrina. Lá comprei o primeiro. De quem? Ora, Eckstine. Crioulo de voz grossa sempre foi comigo. Duzentos mil-réis. Está aqui em Londres. O peso do disco na mão no lotação indo para casa. A contracapa lida e relida. A capa examinada e reexaminada. Estaria me exibindo um pouco para os outros passageiros?

Agora, velhinhos, eu e os discos, divertimo-nos no dia do banhinho. Água morna, detergente suave, esponja macia, eu cantarolando "You've changed", depois deixar secar, flanela, escova de camurça, líquido antiestático e, principalmente, tocar o disco. Cada vez que a agulha passa pela ranhura, limpa-o um pouco das gordas impurezas do tempo, livra-o de um pequeno estalo, de um tico de chiado. Os discos são como nós: têm que ser usados e ouvidos prestando atenção, e sempre fazendo força para não se chorar ou gritar de dor.

Ivan

6/7/00

MS,

me diz um troço: você gosta, se diverte escrevendo as cartas para mim? Tenho impressão que sim. Eu, de minha parte, gosto.

Ivan

6/7/00

IL,

sim, gosto de escrever as cartas. É de fato uma correspondência: dois caras intercambiando notícias, percepções e sentimentos.

Ó, parece que está certo: embarco no sábado para Barcelona. Na quinta-feira, chego aí e fico até domingo. Farei matéria sobre a turnê. O que você e a Elizabeth querem daqui?

MS

6/7/00

Jovem,

ih, rapaz, vai ser fogo, então. Quero, sim. Roberto Silva descendo (*ou é* subindo?) o morro, *vols. 3 e 4, dessa série 2 em 1.*

IL

6/7/00

Ivan,

vem cá: você afinal conhece o disco da Marlene Dietrich cantando no Copa?

MS

7/7/00

MS,

sim, sim. Tenho a Marlene no Copa. Mais: fui ver, moreno. Nessa época, Oscar Ornstein, fã de Elsie, nos convidava para todo mundo que se apresentava no Copa. Mais: Fernando Amaral, amigo meu, dirigiu o programa de Marlene com Bacharach na TV Tupi. Ela deu pra ele. Gostava de garoto. Ave-Maria, como chamavam: cercada de anjinhos.

IL

9/7/00

Ivan,

no pacote que venho de açambarcar também tem Carlos Gardel. Desse você gosta, pois não? Peguei um LP argentino legítimo, *alta fidelidad*, sem data, mas ainda com a etiqueta da loja onde foi comprado, Síncopa y Ritmo, e o seu endereço, avenida Corrientes, 591.

Você conhece a tese de Julio Cortázar: Gardel só deve ser ouvido em vitrola. Porque foi assim que o povo o escutou e amou. Os chiados, o tec-tec da agulha passando nos grãos de poeira, as marcas do tempo são parte de Gardel. A cerimônia de pegar o disco pelas bordas, de fazer a agulha pousar de leve sobre os sulcos, de sentar para ouvir, e depois levantar para virar o LP, tudo isso faz parte da experiência auditiva.

Em 1982, o primeiro dono desse LP que escuto nessa noite silenciosa escreveu três páginas sobre Carlos Gardel. No primeiro parágrafo, ele colocou no papel o seguinte:

"É uma voz de homem que ouço. Voz grave, entre dramática e melodramática, parecendo às vezes quase soluçar, carregando de ironia uma palavra particularmente amarga, prolongando em demasia as sílabas finais, como se hesitasse por um instante antes de desferir a conclusão, marcada pelo desalento, impregnada de fel."

No último parágrafo, foi ao coração da matéria:*

"O som rascante dos velhos discos, o acompanhamento metálico e mecânico dos violões, a presença misteriosa dessa voz emudecida há quase cinquenta anos enchem a noite de uma vaga e difusa emoção. O cantor celebra longamente a sua nostalgia. Eu também talvez celebre a minha."

Nostalgicamente me despeço,

Mario Sergio

11/7/00

Hermano,

o tango, já se sabe, os estudiosos provaram, nasceu no Bra-

* Vide *The heart of the matter*, romance de Graham Greene (1904-91).

sil. O célebre cantor portenho-marselhês que mencionas, Carlos Gardel, nada mais fazia do que divulgar uma corrupção malévola de um gênero com o sangue firmemente plantado no Brasil. Não, gumbá, você não leu errado. É "sangue firmemente plantado" mesmo. Estamos em plena milonga: tudo pode acontecer. O tango é brasileiro, sim, senhor. Não tem cuíca ou pandeiro, mas sim bandoneón, guitarras e violino. As palavras do tango, mesmo as de Enrique Discépolo, não chegam a lavar os pés das letras de David Nasser.

Tango é Nelson Gonçalves homenageando, vinte anos depois, a hecatombe em 1934 do *zorzal criollo* no avião em Medellín (é a morte de Gardel, MS), conforme a letra de David Nasser e a música de Herivelto Martins:

"Carlos Gardel... um casal que anda à procura de um hotel... o teu canto era a batuta de um maestro que fazia pulsar os corações... Carlos Gardel... Se cantavas a tragédia das perdidas, compreendendo suas vidas, perdoavas seu papel... por isso enquanto houver um tango triste, um otário, um cabaré, uma guitarra, tu viverás também, Carlos Gardel!"

Rechiflado en mi tristeza,

Ivan, el Machucambo

13/7/00

Compañero Ivan,

Raposa-Vermelha para Urso-Branco. Enquanto você me escrevia no seu portunhol castiço, viajava eu em missão secreta. Não posso especificar onde estou. Dou uma pista: num país de língua catalã, no hemisfério norte, num continente remoto chamado Europa, num acidente geográfico cognominado península Ibérica, onde faz um calor de deixar um mouro histérico.

O QG de nosso grupo (Exército de Libertação do Kosovo? Talibã? ETA? Grupo de Libertação de Anões de Jardim de Perdizes e Pacaembu? Não posso dizer) fica numa casa chamada La Pedrera.

Caso você não saiba, La Pedrera foi construída pelo arquiteto Antoni Gaudì, aquele malucão que dizia precisar de 25 horas por dia para colocar suas ideias em prática. Sujeito com muitas ideias é um perigo. Acho que Gaudì só faz sentido como cenário de um filme do Antonioni. Lembra de *Profissão: repórter*? Tinha uma hora lá que o Jack Nicholson e a Maria Schneider se viam num prédio do Gaudì. Tentavam se encontrar, mas tinha sempre uma torre, um pingente, uma escada, um monte de cacos no caminho.

Uma vez, num festival de cinema no Rio, entrevistei o Antonioni. Perguntei se o prédio do Gaudì tinha algum significado na trama. Talvez ele quisesse demonstrar que a arquitetura modernista dificulta a comunicação?, sugeri. Assim, Gaudì seria um símbolo da alienação na atual quadra do capitalismo, raciocinei. Estava me achando inteligente paca. A resposta do cineasta foi curta: o financiamento do filme foi feito em parte pela prefeitura de Barcelona, que queria realçar os atrativos turísticos da cidade. Botei a viola no saco, assobiei, disfarcei e me mandei. Voltei para São Paulo e fiz uma fogueira com a minha coleção do *Cahiers du Cinéma*, safra 1967-1969.

Olhaí: meus afazeres de agente da Uncle talvez me levem a dar uma rápida passada em Londres. Talvez possamos nos encontrar. Mas será preciso conversar em catalão.

Câmbio final, desligo.

MS

16/7/00

Mario Sergio,

você aí na Catatônia prestando suas *hommages* cerebralizantes e eu aqui, dois dedos de testa, de cuecão ilustrado com personagens do Walt Disney, diante da televisão torcendo pelo Zimbábue contra a Inglaterra, no críquete. Eu sempre fui e serei terceiro-mundista.

Tom Wolfe apontou, em ensaio recente, para o impasse em que você se encontra. Ele raciocina, com aquele brilho sarcástico e estilo soltão que conhecemos, que o atual ceticismo reinante nos Estados Unidos se deve, em grande parte, à influência de uma raça decadente e em merecida extinção: o intelectual europeu. Fez você muito bem quando queimou a coleção do *Cahiers du Cinéma*.

O intelectual europeu embarafustou tudo. Americano, que já não é sensacional de cuca, quando parte para a — perdão pelo que vou dizer, hem? — teoria, funde a placa, como certos laptops, com esse *embarras* (embaraço mesmo, melhor dizendo) *de choix* que vai de Marcuse a Derrida, com parada obrigatória na estação Finlândia que é Foucault. É a tirania da teoria, meu irmão.

Sei que não estou sendo claro. O mundo, a vida, os dias não são claros. Preocupa-me apenas sabê-lo na Europa enquanto, no Brasil, que alguns canalhas chamam de Bananão, tem fita ligando não-sei-quem a sabe-se-lá-o-quê, número de menor infrator cada vez maior, presidente negando coisa, gente atirando ovo, prefeito inocentado, reuniões de emergência — o ronronar e o aroma inconfundível de um ventilador esperando que lhe atirem algo.

Bem, já que você vem, recomendo: fique o maior tempo possível.

IL

18/7/00

Ivan,

voltei para o hotel e o João telefonou. Estava indo dormir. Tinha tomado uma garrafinha de cerveja japonesa. Às 7h da matina, ligou de novo, convidando para ouvir a fita do show do Barbican Centre. Ouvimos a fita e ficamos numa conversa a esmo (o Otavio também estava no quarto). Propus que respondesse as perguntas do Questionário Proust. "Vamos lá", disse ele. Mandei a primeira:

— Com qual figura histórica mais se identifica?

Ele riu à beça, pensou, pensou, e devolveu:

— Não vai ficar bem para a figura histórica...

Tentei a segunda:

— Qual a pessoa que mais admira?

— Vale dizer "os presentes"? — respondeu, rindo novamente e apontando para mim e para o Otavio.

Tentei outras três e ele partiu para a galhofa:

— Qual a qualidade que mais admira num homem?

— A corrupção.

— E numa mulher?

— A desonestidade.

— O que mais valoriza nos amigos?

— A traição.

João explicou o sentido das respostas:

— Eu sou um brasileiro do futuro.

Tentei uma última:

— O que lamenta não ter feito na vida?

— Perguntei a mesma coisa para o Otavio, pouco antes de você chegar, e ele respondeu: "Ter vindo a Londres e não ter molhado o biscoito".

João foi ao frigobar, olhou, pegou dois revitalizantes. Um

chamado Red Bull e outro cujo nome me escapa, de um vermelho mais transparente que groselha. Tomou meia garrafa do vermelho, estalou a língua e disse:

— Esses ingleses são demais. Quem mais inventaria um refrigerante com sabor de desodorante?

MS

18/7/00

Ivan,

cheguei bem. Tudo em ordem em casa. O João não conseguiu embarcar. Foi para o aeroporto na esperança de que algum passageiro faltasse. Mais uma vez, obrigado pela ajuda, pela companhia e pelos papos.

Abração,

MS

19/7/00

Ei,

o Frágil Trovador ligou às 5h, perguntou se eu estava dormindo. Papeamos uma hora, no relógio. Cantou, dançou, imitou, encasquetou com o show. Muita coisa engraçada.

IL

20/7/00

Jornalista Mario Sergio,

você se mandou e não deu outra: o sol surgiu, o vento parou, a chuva secou, os termômetros acusaram: 23 graus (dos nossos) à sombra. Não disse que a culpa era sua?

Fui ler as críticas à apresentação de João no Barbican Centre. A do *Guardian*, em duas colunas, altamente elogiosas, usa a palavra *jazz* três vezes. O "frágil trovador", segundo John L. Walters, que assinou a resenha, é exemplo de minimalismo e sua voz avança e recua pela batida adentro e "afora". Não diga, minha flor? Que me diz então das progressões harmônicas daquilo que na falta de um termo melhor se convencionou chamar de bossa nova? Hem? Hem?

Gostei mesmo foi do "frágil trovador". Anos 40. Programa Manoel Barcellos. João é anunciado na voz redonda do espíquer: "E agora com vocês, por mais incrível que pareça, o Frágil Trovador, Jooãããããooo Giiilbeerto!!!".

Ivan

20/7/00

A VIAGEM DE JOÃO

(*Reportagem de Mario Sergio Conti na* Folha de S.Paulo)

Quinta-feira, 6 de julho

"Crítica de show no Brasil é assim. O sujeito senta e escreve: 'Maria Bethânia entrou no palco como ela gosta, descalça. Maria Bethânia estava com muito axé. Maria Bethânia cantou "Carcará", "Cocoró", "Cucuru". Maria Bethânia cantou e encantou'. Quando é comigo, eles escrevem: 'João Gilberto reclamou do som. João Gilberto cantou de novo "O pato" e "Chega de saudade". O show só engrenou do meio para o fim, quando João Gilberto engatou uma quarta'."

O artista João Gilberto Prado Pereira de Oliveira, baiano de

Juazeiro, está ao telefone. Ele comenta a repercussão no Brasil de seu show no mês anterior no Carnegie Hall, em Nova York. Pede ao interlocutor que leia trechos das críticas do *The New York Times*, tanto do último como dos primeiros shows que fez em Nova York, no final de 1962, primeiro no Carnegie e depois no Village Gate.

Os shows de 1962 projetaram internacionalmente o artista João Gilberto e o som que ele inventou, a bossa nova. O cantor, violonista e compositor estabeleceu-se nos Estados Unidos, mudou-se para o México, passou temporadas na França e na Itália e só voltou ao Brasil dezoito anos depois. Desde 1980 ele mora no Rio de Janeiro.

O artista convida o interlocutor a acompanhá-lo numa turnê pela Europa. Serão dois shows em Barcelona e um em Londres. As passagens aéreas e os hotéis ficarão por conta dos produtores. João Gilberto concorda com que a *Folha* faça uma reportagem sobre a turnê.

Sexta-feira, 7 de julho

O artista está novamente no telefone. Conta que o inchaço nas mãos, que surgiu logo depois do concerto em Nova York, diminuiu. Está tomando Vioxx, um anti-inflamatório que o hematologista Antonio Campos de Mello lhe receitou. Lembra de Vinicius de Moraes: "Ele tinha a intuição de um médico. O Vinicius levantava os óculos e você já sabia: lá vinha receita. Vinicius parecia uma esperança". Ante a dúvida do que seja "esperança", esclarece: "É aquele bichinho. Acho que os paulistas chamam de louva-deus".

João Gilberto sai pouquíssimo de casa. Mora sozinho no oitavo andar de um apartamento alugado, no Leblon, numa rua transversal à praia. Fica a maior parte do tempo de pijama e chinelos. Ou de calça azul-marinho e camisa branca de manga comprida. Não abre a janela. Nem as cortinas. Não tem aparelho de som. Nunca ouve CDs. Nem os seus. Passa os dias cantando e tocando. Ou conversando com amigos pelo telefone. Gosta de assistir telejornais, lutas de boxe, campeonatos de luta livre e, mais que tudo, de jogos da seleção brasileira.

Às vezes, convida amigos para jantar. É um anfitrião caloroso e educado. Encomenda a comida em restaurantes das redondezas. Conversa, conta casos, comenta notícias recentes, brinca, imita pessoas, canta e toca violão para os convidados até o amanhecer. Sabe de cor centenas de músicas. Nunca gravou ou cantou em público a maior parte delas.

Sábado, 8 de julho

O artista embarca à noite no Rio e troca de avião em São Paulo. "Acho que vou comprar esse aeroporto para dar uma festa de aniversário", diz ele em São Paulo. Carrega um saco plástico com uma garrafa de água mineral sem gás. "Como é impossível conseguir água sem gelo num avião, venho equipado", explica. Ele fica na primeira classe com Maria do Céu Harris, 36, portuguesa nascida em Moçambique. Na classe econômica vão dr. Campos, um sobrinho de João Gilberto, Pequinho, e Moacyr Otavio Castilho, conhecido nos meios musicais como Otavio Terceiro.

Otavio Terceiro conheceu João Gilberto em 1957, quando interpretou um papel na peça *Olho mecânico*, produzida por Adolfo Celi, Paulo Autran e Tônia Carrero. "Acho que eu não era um bom ator, pois nunca mais trabalhei em teatro nem o João assistiu mais a outra peça", conta.

Domingo, 9 de julho

O avião aterrissa no aeroporto de Madri às 14h. A conexão para Barcelona só sai às 18h. Como não há cadeiras disponíveis, o artista senta numa mureta e aponta a semelhança das pessoas que passam pela sua frente com personagens da vida nacional: "Olha o juiz Lalau, que vive clandestino na Espanha"; "Lá vai o Leonardo Boff com sua barbona branca"; "Vamos ali entrevistar o Aloizio Mercadante?".

Passa uma idosa com uma criança. Passa outra senhora com uma menina. João Gilberto aponta para elas e diz, sério: "Que bom que as avós vivem bastante na Espanha: lá vai a avó, lá vai a neta, lá vai a vida".

"Não há frangos como os espanhóis", diz o artista ao terminar de almoçar um deles. Os monitores do aeroporto informam que o voo para Barcelona foi adiado para as 19h. Depois, para as 20h. Quando o voo é postergado para as 22h, Pequinho toma a iniciativa de tentar transferir o bilhete original para um da ponte aérea Madri-Barcelona. Será preciso pagar cem dólares a mais por passagem.

O artista entra no avião às 20h. Novo atraso. Com o ar-condicionado do avião desligado, e uma temperatura acima de trinta graus, os passageiros suam e se irritam. Às 20h30, João Gilberto diz ao sobrinho: "Dá minha passagem e o passaporte. Se esse avião não sair em dez minutos, saio, vou para um hotel e volto amanhã para o Brasil". Cinco minutos depois as portas são fechadas e o avião se encaminha para a cabeceira da pista.

Passava das 22h quando o avião aterrissou em Barcelona. Há 24 horas que o artista saíra de seu apartamento no Rio. Ele era aguardado por Alfonso Sitjà e Alfredo Lorenzo, os empresários catalães que organizaram os shows, investindo mais de 100 mil dólares. João Gilberto os cumprimentou com polidez e seguiu direto para o carro. A Mercedes-Benz o levou ao Hotel Majestic, a uma quadra da casa La Pedrera, projetada pelo arquiteto Antoni Gaudì, glória do modernismo catalão. O motorista aponta os marcos históricos e dá o nome das avenidas. O artista escuta e observa tudo com atenção.

Na sua suíte, com quarto, sala e lavabo, finalmente pode sentar numa poltrona. Fala aos empresários em portunhol: "Quiero combinar com usteds para que eso no se repita. Fueram horas y horas de aeroporto. Toda mi energia se fué. La energia que usaria para cantar para Barcelona. Y hay un otro problema: pela passagem que usteds nos enviaram, después del show em Londres teremos de retornar a Barcelona, y entonces iremos de volver a Madrid, y de lá para o Brasil. Es un absurdo. Eso precisa cambiar".

Os empresários dizem que o voo de conexão saiu às 18h de Madri, conforme o previsto. Tanto é assim, garantem, que as malas do artista já estavam no aeroporto de Barcelona, onde Pequinho as estava resgatando. Insinuam, assim, que a responsabilidade pelo cansaço era dos brasileiros, que, tontos, perderam o avião em Madri. Os empresários se comprometem a mudar as passagens, de maneira a que a trupe volte direto de Londres para o Brasil.

O artista pede que Sitjà e Lorenzo providenciem uma bicicleta ergométrica. Quer fazer um pouco de exercício quando acordar. Os empresários saem e João Gilberto lembra de testar a cama de casal da suíte. No contrato, estipulara que precisava de um colchão duro, ortopédico. Os colchões comuns lhe dão dor nas costas, fazendo que acorde uma hora depois de dormir. Não deu outra: era um colchão normal. Otavio Terceiro liga para a gerência e é informado de que não há colchões ortopédicos no hotel. Um colchão é tirado da cama e colocado no chão. "Vou dormir à prestação: um pouco na cama, até acordar, aí passo para o estrado, acordo de novo e vou para o colchão do chão", diz João Gilberto, divertindo-se com sua resignação.

A explicação dos empresários não correspondia aos fatos: o voo original só chegou de Madri a Barcelona depois da 1h da manhã, quando Pequinho pôde recuperar as bagagens. Também não mudaram o voo de retorno ao Brasil. E só pagaram a diferença da ponte aérea de Barcelona depois de muita insistência.

Segunda-feira, 10 de julho

Às 10h, o artista toma café da manhã no quarto. A bicicleta ergométrica não havia chegado. Havia refeito o pedido a Alfonso Sitjà e lhe dissera que precisava um barbeiro. Tenta falar com Pedro Bloch, no Rio, mas ninguém atendeu o telefone. Queria saber do médico se podia tomar, junto com o Vioxx, outro anti-inflamatório e analgésico, o Parenzyme. "O Parenzyme é bom para as minhas cordas vocais", explica, para um pouco e completa: "Adoro remédios, eles ficam trabalhando bem quietinhos dentro do corpo e você nem vê".

O artista corta o cabelo à tarde, na suíte. Na sexta-feira anterior, o barbeiro, José, havia cortado o cabelo do rei Juan Carlos, seu cliente há vinte anos, pouco antes de o soberano viajar em missão oficial para o Brasil. José, que conhecera o poeta João Cabral de Melo Neto quando foi cônsul em Barcelona, recomenda que o artista tire os fios brancos das sobrancelhas. Segundo ele, os fios envelhecem mais uma pessoa que a barba ou cabelos brancos. "Mas não vai doer?", pergunta-lhe João Gilberto. José também corta o cabelo de todos que estão no quarto. Ganha cem dólares de gorjeta e um bilhete autografado, no qual era chamado de "el gran barbeiro".

"Não, cem dólares de gorjeta não é muito", explica o artista a seu sobrinho. "Afinal, ele é o barbeiro do rei. Só aceitei cortar com o José porque sou o rei da bossa nova. Vai ver ele nem sabe quem eu sou, e fui logo colocando o bilhete na mão do José. Logo eu, que não gosto de dar autógrafo. Não tenho jeito, mesmo. Faço cada coisa."

Telefona para o quarto do dr. Campos. "Campinhos, venha

cá. Cortei o cabelo. Com o barbeiro de Sevilha. Todo mundo cortou. Não te chamei porque você não tem esse problema", diz ao médico, que é careca.

Dr. Campos entra na suíte pouco depois. (Ele já tratou de Roberto Marinho, o dono da Globo, e de Fernando Collor, quando o então presidente emagreceu dez quilos. Seu diagnóstico: stress e excesso de atividade física; Collor fazia duas horas de exercício por dia, entre ginástica, corrida e musculação.) Está de camisa polo vermelho-berrante. "Campinhos, não saia com essa camisa na rua: *los toros* vão correr atrás de você", alerta. O médico examina as mãos do artista e o tranquiliza: apesar de ainda doerem um pouco, elas estarão perfeitas para o show no dia seguinte.

O artista, que estava quase há um mês sem tocar, pega o violão e ensaia algumas músicas. Otavio Terceiro vai anotando as que João Gilberto pretende cantar no concerto. O artista fica na dúvida se tocará "Um abraço no Bonfá", música instrumental de sua autoria. "O 'Abraço' é complicada", diz. "Precisaria estar com as mãos perfeitas. Gostaria de tocá-la porque aqui é a terra do violão: Casals, Segovia, Paco de Lucía."

Seleciona algumas músicas em espanhol: "Eclipse", do cubano Ernesto Lecuona, e "Besame mucho", da mexicana Consuelo Velásquez. Ele conheceu Consuelo Velásquez quando morou no México, e ficou amigo do marido dela, Mariano Rivera Conde. Conta que todos a chamavam de "la reina", a rainha. Numa ocasião, o artista explicou a Mariano Conde que havia alterado um acorde na sua interpretação de "Besame mucho". O marido levou a alteração à compositora, que detestava que mexessem em suas músicas. "*A la reina le gustó el nuevo acorde*", disse Conde a João Gilberto.

Canta "Solamente una vez" e fala de seu compositor, Agustín Lara: "Ele escreveu esses versos que nenhum de nós, brasileiros, soube escrever: '*Solamente una vez, amé en la vida com una dulce y total renunciaçon*'. Vejam só: amar com uma renúncia doce e total. Que maravilha".

A conversa envereda para o tema poesia. João Gilberto cita dois trechos de Carlos Drummond de Andrade, para ele o maior dos maiores artistas brasileiros. O primeiro está em "A Luís Maurício, Infante", que o poeta fez para seu neto e fala dos animais enjaulados no zoológico de Buenos Aires:

> Seja humilde tua valentia. Repara que há veludo nos ursos.
> Inconformados e prisioneiros, em Palermo, eles procuram o outro lado,
> E na sua faminta inquietação algo se liberta da jaula e seu quadrado.

O artista faz um comentário ("'Seja humilde tua valentia' é uma lição de vida; os ursos, com toda aquela força, são revestidos de veludo") e declama o final de "A morte do leiteiro", quando o sangue e o leite se misturam no amanhecer e formam "um terceiro tom, a que chamamos aurora".

O artista lembra que, quando morou "na América" (a maneira como sempre se refere aos Estados Unidos), viu uma entrevista de Timothy Leary na televisão. Leary havia abandonado a universidade Harvard, onde era professor, passara a pregar o uso de drogas e dissera na televisão que os estudantes deveriam abandonar as escolas porque não aprendiam nada de útil nelas. "Deu um baita galho porque os jovens realmente começaram a sair da escola", conta João Gilberto. "Bertrand Russell também disse que mais importante que ter diplomas era ter raciocínio lógico."

O papo dá outra volta, mas continua nos Estados Unidos. "Os americanos são fogo", diz o artista. Conta que uma vez foi ao oculista na América. Gostava de jogar pingue-pongue, mas, nos últimos tempos, não enxergava a bolinha direito. O médico fez alguns testes visuais e decretou: "As figuras que o senhor está vendo são do tamanho de uma bola de pingue-pongue". O artista lhe disse: "Mas no pingue-pongue a bola está sempre em movimento, e essas figuras do teste estão paradas".

João Gilberto prossegue: "Para que eu fui falar? Ao perceber não digo um pouco, mas uma possibilidade de inteligência, o médico fechou a cara e fez uma expressão estranha, como se dissesse: 'Ah, é?'. Continuou os testes e me botou um raio de luz no olho. Doeu muito. Foi um instante, mas doeu demais e me marcou para sempre: nunca mais fui o mesmo".

E continua, falando de política: "Os americanos perceberam que o Brasil estava mudando no final dos anos 50 e no começo dos 60. Havia Juscelino. Havia a bossa nova, que estava tomando o mundo. Havia o cinema brasileiro. Havia uma porção de coisas acontecendo no Brasil. Ainda não havia um povo consciente de si mesmo, mas havia indivíduos: havia um povo em formação. E o que eles fizeram? Fizeram com que fosse dado um golpe militar e viesse a ditadura. Vinte anos depois, o Brasil estava todo escangalhado e ainda não se recuperou".

O artista pede o almoço pelo telefone ao serviço de quarto. Confabula longamente com o atendente. Consegue com que ele tire o creme de leite da sopa de lagosta. Pede também um peixe grelhado. Quem traz a comida é Joaquim, um catalão gordo e alegre, que é tratado com alta distinção. A regra é essa: quanto mais humilde a pessoa, quanto mais pobre, com mais educação e gentileza o artista a tratará.

Depois de comer com gosto, João Gilberto informa aos amigos que dará uma dormidinha. "No olvidem que en España la siesta es obrigatória", diz. Chega a bicicleta ergométrica. É elétrica e cheia de controles. O artista tenta pedalá-la, não consegue e desiste. "Não tenho brevê para pilotar essa máquina", afirma.

Pequinho e Otavio Terceiro saem para conferir o som do teatro Grec, onde será o show. Voltam à noite e informam que as caixas de som são da marca pedida e os microfones estão em ordem. Os quase 4 mil ingressos para as duas apresentações já foram vendidos, a setenta reais cada um.

Terça-feira, dia 11

O artista almoça um frango com ameixas às 17h. "Essas ameixas, não sei não", diz, passando a mão pelo estômago. Às 21h, se veste. Como o Grec, um anfiteatro construído nos anos 20, é ao ar livre, decide não colocar gravata. Usa calça e paletó azul-marinho e um par de tênis brancos que seu filho João Marcelo lhe deu de presente. Dedilha o violão que o acompanha há mais de vinte anos.

Sai da suíte pouco antes das 22h e, vinte minutos antes do horário marcado, já está no camarim do Grec. Fica sozinho, concentrado. Enquanto isso, Pequinho e Otavio Terceiro fixam com fita adesiva sete cartolinas no palco, ao redor do banquinho onde João Gilberto sentará. Nelas estão escritos os nomes das músicas que o artista interpretará.

"Eis aqui este sambinha feito de uma nota só", canta o artista. São 22h30 em ponto e o show começa. Canta em seguida "Sandália de prata". Ao final, pede que aumentem o som do violão. Quatro músicas depois, muda o banquinho de lugar. "Está vindo um vento de frente", explica ao público. "Algum brasileiro tinha que ter cuidado disso, mas não cuidou." Outras três músicas e pede novamente que aumentem o som do violão. Mais quatro músicas e reclama do microfone junto ao instrumento: "Nunca vi um como esse, parece um helicóptero".

Canta mais duas músicas e diz: "Voy tentar hacer un solo de guitarra. Perdonem-me se no salir más o menos. Ya no digo bién, mas más o menos". Toca então "Um abraço no Bonfá".

Uma hora e quinze minutos depois, o artista sai do palco. É

ovacionado, volta e canta mais quinze minutos. O público o aplaude e pede que volte. O artista, no entanto, sai rápido, entra no Mercedes e já está no hotel enquanto a audiência grita bis. Ele não gosta de sair ao mesmo tempo em que o público. Uma vez, o carro em que estava foi cercado por fãs. Não gostou da experiência.

De volta ao hotel, sua primeira providência é telefonar para a irmã Dadainha, que mora em Vitória. Sempre faz isso, onde quer que seja o show. Ela aguarda o telefonema rezando para que o show tenha sido bom. No entender do artista, o show não foi bom. Apesar dos aplausos. Mesmo nos dias seguintes, depois de cinco jornais espanhóis terem publicado críticas elogiosas do primeiro show em Barcelona, manterá a sua opinião. "O violão estava baixo. Ele tinha de estar em torno da voz, formando um todo com ela", diz. "O som do retorno era fraco, eu não ouvia bem o que tocava e cantava, andei meio às cegas; não pude me entregar."

Ele liga para o serviço de quarto e encomenda talharim e filés para todos. Deixa que Joaquim escolha o vinho. O garçom traz um Rioja engarrafado especialmente para o hotel. "Escândalo, espetacular!", exclama o artista ao provar o vinho, fazendo um brinde a Joaquim.

Toca o telefone. É Paul Berdah, francês nascido na Tunísia, de onde saiu ainda criança devido a perseguições antissemitas, que veio de Paris para ver o show. Berdah, dentista de profissão, é amigo de João Gilberto há dez anos, se bem que nunca tenham conversado pessoalmente. A amizade deles é telefônica. Ao ouvir o artista pela primeira vez, tornou-se jornalista, especializou-se em música brasileira, aprendeu português e violão unicamente com o intuito de entender melhor a arte do artista.

Berdah estava acompanhado de seu irmão mais novo, Jean-Jacques, também ele fascinado pela música de João Gilberto. Ambos acharam o show muito bom, mas concordam que o violão estava baixo. Paul Berdah se prontifica a ir no dia seguinte corrigir o som do teatro Grec.

João Gilberto chama Berdah para ver o que há no criado-mudo à direita da cama: uma foto emoldurada de sua mãe, fotografias e dois livros do guru Paramahansa Yogananda, falecido em 1952, uma imagem de santa Clara e uma Bíblia.

Como o artista, Berdah é iogue. João Gilberto conta como se deu a sua iniciação. Ele vivia na América com "uma mulher que gostava de sair de casa". Num sábado, ela o convocou a passearem pela Broadway, "como se isso me fosse fazer mais feliz", conforme conta. "Mas me lembrei do trecho da Bíblia em que está dito que se te obrigarem a andar cinco léguas, ande sete. Fiz então força da minha fraqueza e fui à Broadway."

Lá, entraram numa livraria. A mulher pegou um exemplar da *Autobiografia de um iogue*, de Paramahansa Yogananda, e lhe leu alguns trechos. João Gilberto se interessou e comprou o livro. Passou a seguir os ensinamentos do guru, que criou a Fraternidade da Autorrealização. Depois, já no México, encontrou uma mestra que havia se iniciado diretamente com o guru. "Perguntei a ela o que era o *Om* e ela respondeu: 'Ooooommmm'. Ante a minha impertinência, a minha insistência, ela quis demonstrar que o *Om* não é apenas um som. O *Om* é muito mais", diz.

Mais adiante, a mestra lhe deu um colar e o iniciou. "Ela disse que eu teria paz, serenidade e... aí eu a interrompi, dizendo 'tudo'. Fui para casa e fiquei na dúvida se ela disse mesmo 'tudo'. Voltei lá e perguntei. E ela respondeu que eu teria paz e serenidade. Eu estava certo, pois 'tudo' é Deus. Mas ela não repetiu a palavra, me deu uma lição: eu precisava ter paz e tranquilidade, não precisava ser afoito." O artista usa o colar até hoje. A mestra veio a lhe contar que ele pertencera antes ao próprio Yogananda.

O artista acha que a Kriya Yoga de Yogananda o ajudou a encontrar-se, ou a reencontrar-se. "Antes de ir para a América, eu não falava sobre assuntos. Não criticava nem atores canastrões. Ficava quieto enquanto todo mundo metia o pau neles porque entendia que eram seres humanos fazendo o melhor que podiam. Na América, eu mudei. Com Yogananda, voltei a encontrar-me. Aprendi com ele que o temperamento é uma doença: não é preciso ter temperamento, basta ser."

João Gilberto encerra a conversa sobre a Kriya Yoga ciente de que há limites para explicá-la. Usa duas citações. Uma, de Lao Tsé, o legendário filósofo chinês: "Quem sabe não o diz; e quem diz não o sabe". A segunda, tirada do poema "A mesa", de Drummond: "Não ser feliz tudo explica".

Amanhece em Barcelona quando brasileiros e franceses vão dormir.

Quarta-feira, dia 12

"Odete, ouve o meu lamento, lamento de um coração magoado", João Gilberto abre o seu segundo show no anfiteatro Grec com um samba de Herivelto Martins dos anos 40 que nunca gravou. Termina de cantar, Paul Berdah se aproxima e pergunta se precisa mexer no som. Não, o som está perfeito. Não há vento, o céu está claro e estrelado. A plateia, silente, acompanha com devoção o desenrolar de velhas canções. O ambiente é de paz e serenidade. O artista está feliz. Canta durante mais de duas horas. Só fala uma vez: "Esta é a cidade mais bela do mundo, e eu peço a Deus que ajude a me aproximar desta beleza".

Depois do show, na suíte, o artista telefona para amigos no Rio e conta que o concerto foi ótimo. Fala primeiro com o jurista Simão Isaac Benjó. Em nome do artista, o professor Benjó processa a gravadora EMI-Odeon por ter adulterado a mixagem dos três primeiros discos de João Gilberto quando os reuniu no CD *O mito*. Conversa em seguida com Pedro Bloch, o médico que o ajuda a cuidar da voz.

Agradece a Paul Berdah por ter ajudado a melhorar o som do Grec. O francês dispensou dois dos alto-falantes de retorno, trocou-os por um par mais novo e acertou o som do violão. João Gilberto diz-lhe que deve voltar a ser dentista. "A odontologia é a parte mais importante da medicina", sustenta. "A boca é uma caixa acústica. Se o dentista entende o paciente e lhe dá o tratamento adequado, pode fazer com que ele mude a sua postura, a sua voz, a maneira de situar-se no mundo; pode fazer com que ele seja mais feliz."

O artista convida Paul e Jean-Jacques a assistir ao show em Londres. Fala que irá encontrar-se lá com Ivan Lessa. Ele é admirador do jornalista e escritor desde que, no início dos anos 60, o compositor e cronista Antônio Maria contou que, quando lhe telefonavam e perguntavam quem estava falando, ele respondia: "É Ivan, coitado".

"Vejam que maravilha: 'É Ivan, coitado'. Ele sabe que somos todos coitados. Eu é quem deveria ter inventado isso. Vou pedir ao Ivan para me passar o direito de criação e uso da frase."

João Gilberto encomenda o vinho que tomou no dia anterior. Como Joaquim estava de folga, quem vem ao quarto é um jovem de cabelo raspado. Ele explica que o armário com o Rioja está trancado, mas que trouxe um tão bom quanto aquele. O atendente sai, as garrafas são abertas, e o vinho parece estragado. O artista reclama pelo telefone. O garçom traz outro. Também é ruim. João Gilberto volta a ligar e dá uma bronca em quem atende o telefone. Pouco depois, se arrepende. Telefona outra vez e pede desculpas. Volta à sala, onde todos riem, e diz, grave: "O temperamento é uma doença".

Quinta-feira, dia 13

O artista continua sem sair da suíte, com as cortinas fechadas. Mas repete que adora Barcelona. O que viu da cidade no caminho do aeroporto para o hotel, e nas duas idas e vindas para o show, lhe bastou. "Que avenidas largas, que luzes, que frisos, que povo legal. Só não gosto muito do nome: Barcelona. Parece meio largadona."

Ele só lê duas críticas do show. Ri de uma na qual o articulista o chama de *chansonnier* da Amazônia. "Vai ver que ele está me comparando com um índio", diz. E gosta de outra em que o crítico se pergunta por que determinadas músicas, banais na interpretação de outros cantores e violonistas, provocam sentimentos tão complexos quando tocadas e cantadas por João Gilberto.

Depois de muita insistência os empresários catalães pagaram a diferença dos bilhetes da ponte aérea Madri-Barcelona. Mas não resolveram o problema da volta para o Brasil. A passagem do artista continua a ser Londres-Barcelona-Madri-Rio, e está marcada para o domingo.

Sexta-feira, dia 14

O avião sai de Barcelona no horário. O artista é aguardado no aeroporto de Londres pela baiana Maria das Graças Fish, da embaixada brasileira. Ela diz ao artista que foi amiga de uma tia dele. Informada do problema com as passagens da volta, já no aeroporto começa a dar telefonemas para tentar resolvê-lo. De imediato, João Gilberto simpatiza com Maria das Graças. "Ela é uma brasileira como todos devíamos ser: simpática e eficiente", diz.

No hotel, o Great Eastern, no centro financeiro, ele conversa com a produtora do show, Jo Paton, sua fã desde a adolescência, e vai para a suíte. O colchão, novamente, é mole, mas menos que o de Barcelona. O artista come pouco e vai dormir. Uma hora depois, acorda: doem-lhe as costas.

Sábado, dia 15

São 9h e o artista já está de pé. "Não consegui dormir depois que entraram uns quarenta ingleses no quarto para colocar o colchão no chão", diz. Paul e Jean-Jacques Berdah chegam às 13h e vão direto para o Barbican Centre, cuidar do som. Viajaram de trem e trouxeram junto a mulher de Jean-Jacques, Luísa, psicóloga nascida na Bahia. Paul Berdah tem certeza que a aparelhagem do teatro está ótima.

No começo da tarde João Gilberto telefona para Ivan Lessa. Quer saber se ele vai ao concerto. O jornalista vai, e lhe deseja boa sorte. Os ingressos para o show no Barbican, onde cabem 2 mil pessoas, estão esgotados há uma semana.

Às 19h, João Gilberto não respondia telefonemas nem às batidas na porta de seu quarto. Mais de meia hora se passou e a sua suíte parecia vazia. Finalmente o artista abre a porta. Estava tomando banho. Tivera dificuldade porque o ralo do chuveiro entupira e o banheiro inundara.

O artista sai da suíte às 20h10, vinte minutos antes do início do show. Veste terno escuro e gravata. Jo Paton o orienta na hora de entrar no palco escuro. Os brasileiros se abraçam e gritam "boa sorte!". O concerto começa pontualmente e dura duas horas. João Gilberto emenda uma música depois da outra e não fala nada. Canta apenas uma em inglês, "S' wonderful", de George e Ira Gershwin, com andamento diferente do que gravou no disco *Amoroso*.

"Não sei se foi bom", diz o artista no hotel, quando os amigos lhe dizem que o show foi sensacional, talvez melhor que o segundo de Barcelona. "O som era melhor, mas eu não tinha dormido, estava cansado." Na dúvida, liga para Ivan Lessa e pergunta o que ele achou. O jornalista lhe assegura que o show foi espetacular, que o som não podia ser melhor.

"Ivan, eu queria a sua autorização para usar a frase do 'coitado'", diz ele ao telefone. "Assim que voltar ao Brasil vou comprar uma secretária eletrônica e gravar o recado: 'Aqui quem fala é João, coitado'." João Gilberto conversa com o escritor sobre conjuntos musicais, diz que na próxima vez que vier a Londres irá a sua casa para escutar discos e lhe canta um samba, que aprendeu com Aracy de Almeida, sobre um pracinha que voltou da Segunda Guerra Mundial querendo comemorar o "Carnaval da vitória". Nem ele nem Ivan Lessa sabem quem o compôs.

Depois de mais de meia hora de conversa, desliga o telefone e volta a conversar com os amigos no quarto. Conta, rindo: "O Ivan é o máximo. Sabem o que ele respondeu quando pedi a autorização para usar o 'coitado'? Ele disse: 'Pode, João, você merece'. Acho que o 'você merece' é ainda melhor que o 'Ivan, coitado'".

Jean-Jacques Berdah lhe pergunta qual é melhor: Ary Barroso ou Tom Jobim. "Não dá para comparar", responde João Gilberto. "Ao ouvir o Tom, a sensação é a mesma de comer uma fruta muito gostosa." Canta três músicas de Tom Jobim e fala de Ary Barroso: "Ele é grande, é enorme. Do nada, ele tirou 'Aquarela do Brasil', 'Rancho Fundo', tanta coisa". Canta cinco músicas do compositor.

Lembra que falou com Ary Barroso uma vez. Ou melhor, o ouviu. No final dos anos 50, João Gilberto, que havia lançado o LP *Chega de saudade*, estava jantando no Fiorentina, no Rio, com um amigo. Estavam no couvert quando Ary Barroso se aproximou ziguezagueando e disse ao artista: "Nunca deixe que lhe digam o que você deve fazer, e me procure daqui a um ano, se eu ainda estiver vivo". Dito isso, Ary Barroso se retirou. O amigo do artista comentou, passando manteiga no pão: "Viu, João?". O artista encerra a história: "Um ano depois Ary Barroso não estava mais entre nós".

Domingo, dia 16

João Gilberto acorda à tarde. Está cansado, sem condições de enfrentar a viagem de volta via Espanha. Decide ficar mais um dia em Londres. Telefona para Maria das Graças. Ela, que conseguira cortar a escala em Barcelona, diz que vai batalhar para que ele viaje no dia seguinte de Londres para o Rio.

À noite, o artista ouve a gravação do concerto no Barbican. "Foi o melhor show da viagem", avalia. "No segundo de Barcelona eu podia estar mais emocionado. E no de Londres, mais cansado. Mas não há som como esse do Barbican. Preste atenção como o violão está alto, forte, redondo, e forma um todo com a voz. Era esse som de violão que eu queria nos meus três primeiros discos e os técnicos não entendiam o que eu dizia."

Os três shows foram um sucesso. Nos três, o artista se apresentou no horário marcado. Os três estiveram lotados e os críticos o elogiaram. "As exigências de João são bem menores que as de outros artistas", diz Jo Paton. "Esse folclore em torno da falta de pontualidade e profissionalismo de João Gilberto não passa disso: folclore", disse Alfonso Sitjà em Barcelona. O artista suportou estoicamente as horas de aeroporto e os colchões moles. Mas não abriu mão da qualidade do som dos teatros.

Segunda-feira, dia 17

São 7h30 da manhã e o artista está escutando outra vez a gravação do concerto londrino. "Escândalo", diz ele a respeito do som. "Música é som, e som é comunicação. No Brasil, o deputado está falando na tribuna e nem os seus colegas o entendem. Se não há um som bom, não há comunicação."

Maria das Graças conseguiu passagens para que João Gilberto e sua trupe voltassem para o Brasil através de Paris. O artista prefere tentar a sorte em Londres: irá ao aeroporto e, se alguns passageiros não aparecerem, embarcará no voo direto para o Rio. Mas não há desistências. Maria das Graças leva o artista para o hotel Grosvenor, ao lado do Hyde Park. Depois de três noites maldormidas, ele consegue descansar direito.

Terça-feira, dia 18

"A Graça só me deixou quando viu que eu estava bem, depois de me botar na cama e cantar canções de ninar", conta o artista. "O hotel é um escândalo. Tem até uma varandinha onde tomei sol. Depois, saí na rua, vieram várias moças e correram atrás de mim, gritando: 'Moreninho! Moreninho!'. Tive de voltar às pressas para o quarto."

À noite, João Gilberto escuta um programa na rádio BBC2 dedicado à sua obra. Fica alegre, bebe um pouco de vinho e, sem tomar conhecimento da crítica elogiosa do *The Guardian*, vai dormir.

Ontem, 19 de julho

O artista decide ficar em Londres mais uns dias. Está gostando da cidade. Faz sol em Londres. Da varanda do seu quarto, contempla o Hyde Park. Pega o telefone. Vai ligar para Maria das Graças e convidá-la para jantar com o marido na suíte do Grosvenor. "Estou doido para voltar ao Brasil e contar que cortei o cabelo com o barbeiro do rei", diz o inventor da bossa nova. O artista João Gilberto Prado Pereira de Oliveira está em paz.

20/7/00

Juventude,

li sua matéria em casa. Porreta. Algumas dessas coisas, peculiaridades, idiossincrasias etc., eram conhecidas? O formato diário é perfeito. Você sumiu, ninguém sabe, ninguém viu. Altamente instigante. Se é a cara dele, bem, aí o papo muda de figura. Gostoso de ler, as pessoas que tirem suas conclusões.

IL

20/7/00

Moreno,

a matéria ficou aquém do que poderia. Como diário é rápido de ler, deveria ter tido mais uma página. Quanto a mostrar quem ele realmente é, o buraco é mais embaixo. Como amigo, não pude colocar certas situações e traços dele. Mas acho que estão lá coisas que ninguém sabe: a inteligência, a cultura (Russell, yoga, política etc.), o bom humor, a fragilidade.

MS

21/7/00

Patativa do Pacaembu:

vou tentar ser breve, não lhe prometo um Talese, um Wolfe, um Conti. Cinco horas da tarde. Toca o telefone. João. Papinho. Resumo: me convidando para ir até o hotel. Ele quer tocar e cantar. Declinei o convite. Cansaço, Elizabeth, coisa e tal. Papo pra cá, pra lá. Não, não viu a matéria. Tá muito boa, João. Me pergunta se eu tenho a matéria. Cometo a primeira e grande besteira. Sim, sim, tenho aqui, deu oito páginas impressas, duas de jornal. Ivan, você lê para mim? Leio, mas na condição de depois você me cantarolar de novo o samba do pracinha. Está certo. Peguei a matéria ao lado, já me dando conta que era imprudência, eu deveria ter dito que não tinha cópia, qualquer coisa. Depois de elogiar muito, limpei a garganta e, na melhor escola BBC, comecei a ler, numa impostação neutra, interpretação flat. *A primeira interrupção de João não me lembro mais qual foi. Mas vou resumir as horas — sim, horas — que se seguiram. João parou para te xingar nos seguintes tópicos: foto mãe, Bíblia, irmã, yoga, e, mais sereno, política ("os americanos, blá, blá, blá"). Então ele te xingava e eu parava para — não há outra palavra — obtemperar.*

Xingamentos? Que eu me lembre: sul-americano, burrão, grosso, traidor. A cada interrupção, obtemperação. Fui ficando tenso, nervoso, arrependido, me vi brigado com você, você com ele, um inferno se abrindo aos meus pés. Passei pelos seguintes terrenos e territórios: a amizade, o amor (o sorriso e a flor quase os encaixei), as tendências modernas do jornalismo, Wolfe, Talese, Notícias do Planalto, *o que é discernimento e o que não é, usei de todos os recursos da retórica, do sentimentalismo, da pieguice. Houve um momento perigoso em que eu estava prestes a perder a paciência. Claro que não perdi. Não tenho intimidade com ele para isso. Tenho intimidade com você para isso. E assim foi até o fim das oito dolorosas páginas.*

Ele, lido o último registro, o "Ontem", falou: "Que bonito!". Eu zonzo com as idas e vindas do Trovador, subia, descia, deslizava pelo pinho, sempre naquela vozinha dengosa dele. Daí disse que ia cantar o samba do pracinha. Isso, cantar. Não cantarolou, como da última vez. Foi lá, voltou de violão, passou a primeira, a segunda, a terceira, a quarta vez. Eu ouvindo longe, metálicos, os acordes do fiel companheiro. Já consigo cantarolar alguns compassos.

Sim, claro, fiz João jurar de pés juntos que não ia empombar ou reclamar ou brigar com você, que é um despropósito, você lê, João, está vendo o que está acontecendo no mundo, e coisa e tal, forget about it. *Oito e meia comecei a desligar, descansar, me ligar na televisão. Tinha acordado muito cedo, processo que se repete hoje. Meia-noite, estava de luz apagada. Meia-noite e meia toca o telefone. Acordo sobressaltado. Elizabeth já pulara da cama e pe-*

gara. Do outro lado da linha uma voz de homem disse várias vezes "alô, alô" e desligou.

Não sei não. Eu realmente não sei não. Se você ainda está falando comigo, me dê um retorno. Breve e conciso. Como uma faixa (eu disse faixa) de LP do Frágil Trovador.

Uffff!

IL

21/7/00

Ivan,

foi ótimo que o João tomasse conhecimento da matéria através de você, pontuada pelas tuas obtemperações. A palavra-chave é traição. *Sentiu-se invadido, exposto. E tão mais magoado porque quem perpetrou a exposição foi um amigo. É capaz que se afaste de mim. Sabia desse perigo. Mas, ao encará-lo agora, vejo que é bem mais doloroso do que imaginava. Tomara que não se concretize. Por três vezes estivemos na bica de perdermos a amizade. Duas por questão de matérias e a terceira quando dirigi um programa de televisão dele que ele gostou-não-gostou-detestou-gostou. Nas três a amizade foi mais forte. Tomara que nessa também.*

Abraço,

MS

21/7/00

MS,

olhaí, sei que não vai adiantar nada, mas fiz muita ameaça a ele no sentido de não "brigar" com você. Em termos jocosamente (mas não muito) aflitos, evidente. Não sendo idiota sabia que mais cedo ou mais tarde iria ler sua matéria. Evidente que só raciocinei isso no meio do alçapão em que logo me percebi, caído por livre e espontânea (leviana, talvez) vontade. Mas o raciocínio é correto: iria ver. Creio que, no fim das contas, não o bom senso mas a amizade prevalecerá. Lembro-me de dizer que depois de uma certa idade — a nossa, João — não dá mais para se inaugurar amizades novas, coisa e tal, você tem que se agarrar aos velhos amigos, porque afinal e patati e patatá.

Acho que é como na Bahia: cruzar os dedos e esperar que os santos, ou os exus, cuidem de limpar essa área. Rompimento acho pouco provável. Me fez ler duas vezes (ele é abusado, está mimado) a última entrada. Conforme disse: "Que bonito!". A ver se fica nesse tempo, nesse compasso, nessa clave.

IL

22/7/00
Professor,

hoje liguei para o menestrel: "O que é que aconteceu? O Ivan me falou que você não gostou da matéria etc.". Ele disse que estava chateado porque eu falara da yoga, da irmã. Em segundo plano vinha a política.

Ele ouvia, e de vez em quando obtemperava: "O Ivan também acha isso"; "A Graça disse que vai botar a reportagem num quadro"; "O professor me ligou e disse que a matéria está sensacional, mas o professor é um intelectual"; "Apareço como um bom profissional".

Pedi desculpas por ter colocado coisas que não lhe agradaram, e ele respondeu que não tinha nada que pedir desculpas. Perguntei se alguém falara mal do texto. Respondeu que só uma amiga, mas porque ela sentira falta de uma apreciação crítica dos shows.

Contei que um dos franceses tinha mandado e-mail elogian-

do o article, *e se assinando embaixo, depois dos abraços, com um "Jean-Jacques, coitado". E o João: "Veja, a mensagem do Ivan é universal. Ele devia estar na Academia Francesa. Que bom que eu cantei 'Retrato em branco e preto' pensando nele".*

Como estava com a Lina no colo, pediu para colocar o telefone no ouvido dela, e cantou o samba do pracinha.

Entre mortos e feridos, salvamo-nos todos. A amizade está preservada.

Abração,

MS

23/7/00

Patativa do Pacaembu,

ótimo. Estou satisfeito. O Trovador precisa parar de frescura.

IL

23/7/00

Coração,

antes de mudar de assunto, vamos tentar terminar uma polêmica que esboçamos aí e, no afã de botarmos a conversa em dia, logo a abandonamos.

Tente lembrar. Estávamos almoçando em South Kensington. Você se lambuzava num *osso bucco*. Eu traçava um soberbo *penne all'arrabbiata*. E ambos sorvíamos um Bolla honesto como um procurador do Ministério Público. Confessei não entender por que europeus, norte-americanos e japoneses admiravam João Gilberto. Há na obra dele um travo tão nacional que, argumentei, só brasileiros podem entendê-la plenamente. "Totalmente brasileira? Não acho não", comentou você. Aí o papo mudou de rumo, não sei se devido à intervenção do garçom oferecendo sobremesas — que, algo empanturrados, dispensamos.

Depois, no metrô para o hotel, ao terminar de ler o poema do Drummond ("Não ser feliz tudo explica"), os verbetes sobre Lao Tsé ("Quem diz não o sabe, e quem sabe não o diz") e tudo mais que você gentilmente guardou naquele envelopão pardo, fiz uma anotação mental: perguntar ao Ivan sobre a brasilidade-universalidade do Frágil Trovador.

Reencontrei a anotação aqui, em São Paulo, ao ler a crítica do *Times* do show no Barbican, na qual o Clive Davis malhou o João, coitado. O cara não sacou nada porque não é brasileiro. As letras e as músicas cantavam o amor, o trabalho, o ócio, a dureza e a beleza da vida brasileira, e o Davis, burrão, só conseguia raciocinar nos termos do seu arsenal crítico: jazz, standards, Stan Getz, hits dos anos 60.

O crítico não captou que aqueles prosaicos sambinhas ("Eis aqui este sambinha feito de uma nota só") vêm de muito longe, vêm de morros e favelas, de bares e apartamentos modestos, vêm do fundo de nós mesmos e buscam definir, expressar, quem somos nós, brasileiros. Expressar os poucos retalhos salváveis de quem somos e, talvez, a plenitude de quem, enquanto brasileiros, possamos um dia vir a ser.

Confere? É isso aí mesmo ou estou louco?

MS

25/7/00

Patativa do Pacaembu,

burrão! Sul-americano! Obra de João Gilberto com "travo tão nacional que só brasileiros podem entendê-la plenamente"? Você deve estar falando de outro João Gilberto. É o João Gilberto de "Bim bom", "Obalalá" e "O pato"? Por que é que você acha que a batida correu mundo e a letra não? As letras só melhoraram em inglês. "Garota de Ipanema", "Corcovado", "Wave", e até mesmo "Águas de março", com versão espiquíngres do próprio Tom, melhoraram muito no idioma de Cole Porter.

"Garota" é uma tolice inominável nessa tal de língua com que vocês aí, de vez em quando, se dirigem ao povão pedindo votos. Noventa e nove por cento da bossa nova não reúne condições de sequer limpar as estrebarias de um Drummond ou um Bandeira.

Burrão! Sul-americano! Não tinha um tal de Getz no esquema? Byrd, Kessell, Mann, Mandel, Ogerman? Está em todos os tomos, está lá no Ruy Castro. Bossa nova *mucho Uncle Sam, yes sir, my baby*! *We have no bananas today! You want* bim-bam-bum *my* síster, míster? *Five dollar*, nique-nique babalu.* A única diferença entre bossa nova e Carmen Miranda é que a primeira se apresentou sem turbante. Os dengues, remelexos, olhares e boquinhas são iguaizinhos.

Bossa nova é uma nota de pé de página em duas histórias da música popular: a americana e a brasileira. Não é tão rica ou sofisticada quanto o tango nem tão variada ou influente quanto o bolero. Mas não é motivo de vergonha termos colaborado para a popularização e o breve sucesso comercial de uma das muitas modalidades musicais absorvidas e incrementadas pelo jazz.

O crítico inglês não gostou do recital solo de João Gilberto. Nada tem a ver com não entendê-lo. Ele entendeu e não gostou. Outros entenderam e gostaram. Essa a graça do jazz. Dispensa credenciais de morros e favelas, de bares e — permita-me lembrá-lo — excelentes apartamentos da alta classe média carioca.

Por isso que nós, do G8, não vamos perdoar as dívidas de

* Nique-nique babalu?

vocês, burrões terceiro-mundanos. Ajoelhou tem que rezar. Paguem as dívidas. Perdão pode ter sido feito para vocês pedirem, mas isso não quer dizer que nós, do G8 — nós, os sete países mais ricos e poderosos do mundo mais a Rússia! —, vamos perdoar. Gastaram tudo que nós emprestamos em bugigangas e contas coloridas? Em violão, reco-reco e cavaquinho? Pois agora dancem, cigarras, dancem!

IL

25/7/00

Contíssima criatura,

essa reta final antes das férias é fogo. Cascais pela proa. Duro, mas tem que ser. Vai-se e resolve-se na marra. Dores, eu manjo.

Não sei, não. Não estamos agradando, pois não? Música, sabemos, encheu. Partir para outra. Começo a ficar preocupado com assunto... No lo sé. *Hits? Razoáveis? Muitas dúvidas. Hora errada para tê-las. Aqui esfriou, venta e uma leve depressão me ronda a cabeça grisalha.*

IL

25/7/00

Lessa,

não te preocupa com esse negócio do UOL. Eles lá estão satisfeitos. No fim de semana começa uma campanha publicitária na qual serão mencionados os colunistas e, dentro deles, nós.

Estava meio esquisito desde que cheguei. O frio, a minha próxima matéria não estar engrenando, um sei-lá-o-quê me botavam de bico baixo. Aí um dos franco-tunisianos escreveu, contando que estava sentindo um vide *desde que voltara a Paris. E explicou: fo-*

ram dias tão intensos os de Londres e Barcelona que agora tudo parece prosaico. Acho que é isso mesmo.

MS

27/7/00

Baby,

outras modas vieram e se foram, a indústria fonográfica, devidamente globalizada (na tecnologia, na produção, na distribuição), partiu em busca de exotismos variados, e os reuniu todos na rubrica *world music*. Nela cabem Peter Gabriel e seus africanos, Paul Simon com a batucada do Olodum, os tenebrosos Michael Jackson e Spike Lee gravando clipe na Rocinha. Nesse pega-pra-capar, artistas nacionais de tudo quanto é canto pularam miudinho, se adaptaram, viraram *world music*.

Enquanto isso, o que fazia o Frágil Trovador? Seguia na sua batida. Gravou pouco, pouco se apresentou, continuou sendo exatamente o mesmo: fazendo o que aprendeu na infância e reinventou na juventude. Com perdão pelo clichê: não fez uma única concessão ao mercado.

MS

27/7/00

Cotovia do Brás,

chama-se post coitum tristes *esse negócio que você e seu companheiro de* partouze *estão sentindo. Franco-tunisiano sentiu* vide* *mesmo quando os conquistadores e mestres foram embora para a terrinha. O resto é frescura. Dia intenso, é? Tive muitos.*

* Vide *vide*.

Mas olhaí, a adrenalina que jorra de plateia de 2, 3 mil pessoas, a cata por crítica no dia seguinte no jornal (quantos filmes a gente viu com essa cena?), carro pra cá, adulações, fãs, enfim, agora você sabe como se sente alguém no séquito de Madonna ou Elton John. Não leve a mal a comparação, mas é isso mesmo.

IL

28/7/00

Ivan,

atenção: o teu telefone em Londres é tone. *O de Portugal,* pulse. *Não vá fazer confusão. Esteja ciente que vai dar tudo errado e relaxe: muna-se de pena de ganso, resmas de papel, envelope, selos e mande as cartas pelo correio, como é próprio de uma Correspondência.*

Boa viagem, boas férias,

MS

30/7/00

Contíssimo,

acabei de ler o livro do Decio de Almeida Prado. O *Seres, coisas, lugares: do teatro ao futebol.** Gentil lembrança sua. O grotesco é não ter lido, não ter conhecido antes. Acho que era o teatro que atrapalhava. Levado por meus pais, que tentavam evitar que eu ficasse na esquina jogando pedras nas velhas que passavam, desde muito cedo fui ao teatro. Vi tudo. Inda que pingado. De Procópio, Jayme Costa, Dulcina e Odilon, ao TBC, Opinião,

* São Paulo: Companhia das Letras, 1997.

Arena e... e aí já começo a me atrapalhar, a misturar e trocar cenário.

Serei sincero: eu achava engraçadíssimo aquelas pessoas, muito pintadas, falando alto e numa entonação jamais ouvida por homem ou fera em qualquer parte do Brasil. Era um programa. Desde garoto, era um programa. Botar o terninho, depois ir aos bastidores ver os "artistas". Artistas. Ora, artista mesmo era cantor de rádio, pintor, poeta, escultor, o camarada sendo servido pelo garçom espanhol desaforado ("O artista vai querer água da bica ou mineral?"). Os "artistas" eram simpáticos, engraçados e de uma desbragada e embriagadora vaidade. Impossível deixar de querer bem a eles.

Antônio Maria também ridicularizava teatro. Para Maria, todas as peças começavam com uma empregada espanando os móveis e dizendo para o mordomo: "Eles foram para Petrópolis...". Sabe o que o bom Maria queria dizer? Sabe.

Aí sucede que fui amigo de Francis. Paulo Francis. Fomos apresentados um ao outro no teatro. De Bolso, em Ipanema. Ele estava ajudando com a iluminação e a bilheteria de uma montagem de três peças em um ato numa temporada do Studio 53. Esse o ano em que se deu a melódia. Francis sempre às voltas com o raio do teatro. Um inferno para mim. Muita discussão. Eu debochando (olha, não era difícil). Amigos comuns, espetáculos em conjunto, boate depois, a gente acaba cedendo. Tá bom, vá lá que seja. E tome... Não vou citar nomes. Pra que aumentar ainda mais o número de inimigos?

O que eu quero explicar é minha dificuldade em ler Decio de Almeida Prado, que dedicou sua vida inteira ao teatro. Estão lá (aí) os livros todos. Historiou tudo: do primeiro laboratório tupiniquim ("Inhançapã conta Anchieta") ao último esboço de telenovela do Dias Gomes, antes deste *hit the big time*, conforme se diz no metiê. Agora, depois de constatar o altíssimo nível de civilização, da elegância no expor, narrar e pensar as coisas do Almeida Prado, eu me sinto sozinho de pé na plateia, batendo palmas, pedindo "bis!" e "mais!".

Quando Decio de Almeida Prado me pega pela mão, ou pelo nariz, e vai me contando, em voz baixa e serena, a dicção impecável, o que foi e para que serviu a comédia brasileira, entre 1860 e 1908, não só sinto imensa pena de não ter visto nada daquilo como também tenho absoluta certeza de que foi precisamente como ele indica e especula, baseado em pesquisas e leituras. Quer dizer, ele passa adiante. Dá um passe para mim. E eu então, comovido diante de tanto bem escrever, renego tudo que vi em palco brasileiro e inauguro, na melhor companhia possível, um novo movimento insuperável: "o teatro da imaginação". Onde dá tudo certo, ninguém olha para a plateia nem esbarra nos móveis. Não é pouca coisa. Palavra.

IL

1º/8/00

Ivan,

curioso você ter apreciado o livro do Decio de Almeida Prado pelo prisma da sua vivência nos bastidores cariocas. Comigo aconteceu a mesma coisa, só que nos ensaios sobre Paulo Emílio Sales Gomes. Assisti aulas do Paulo Emílio na faculdade, em meados dos confusos anos 70. Eu cursava Jornalismo, essa ciência exata, e ele dava aulas de Cinema, essa sétima arte. A barra ainda era pesada. Havia prisões, torturas e um professor da faculdade, Vladimir Herzog, foi assassinado pelos militares perto de casa, na rua Tutoia, no Paraíso.

E no entanto era um tempo divertido: jogava-se futebol no gramado em frente à escola, editavam-se jornais clandestinos, falava-se com o Nelson, promoviam-se greves e passeatas, lia-se furiosamente, brigava-se com a polícia. Discutia-se política, cultura, arte.

Quem primeiro me falou do Paulo Emílio foi minha mãe, que relatou a sua fuga espetacular do presídio do Paraíso, durante a ditadura do Getulio. Passei a peruar as suas aulas. Paulo Emílio tinha senso de humor e gostava de arreliar. Era um provocador. Dizia, por exemplo: "O pior filme nacional é melhor que o melhor filme estrangeiro" sabendo que a moçada tinha horror a *Eu dou o que elas gostam*, *A Superfêmea* e outros buliçosos filmes brasileiros de então. Não era um *bon mot*, pois ele de fato obrigava os alunos a analisar pornochanchadas, em detrimento de filmes recém-lançados de Pontecorvo, Godard, Visconti e Pasolini.

O seu projeto, parece, era inculcar nos estudantes uma realidade difícil: é o cinema brasileiro, tão constrangedoramente ruim, e não outro, que nos reflete e pode ensinar algo; os filmes de arte estrangeiros podem ser muito bons, mas se não cuidarmos do nosso cinema, seja lá o que ele for, seremos meros repetidores de uma estética que não nos diz respeito. Mais que ditos, esses conceitos eram exemplificados, nuançados, produzidos na classe. Os conceitos eram comprovados sem uma gota de xenofobia, sem se confundirem com o nacional-populismo dos stalinistas do Partidão. Afinal, todos sabíamos que Paulo Emílio havia escrito em francês um dos melhores livros sobre Jean Vigo, o diretor de *L'Atalante*.

Dado o seu passado trotskista, de suas posições de esquerda, Paulo Emílio era visado pelos milicos. Volta e meia corria o boato de que estava prestes a ser preso. Ele, aparentemente, nem dava bola. Aparecia na escola, dava suas aulas, sentava no degrau em frente ao gramado para tomar um solzinho e ver o futebol.

Uma vez, a prefeitura quis cortar uma árvore perto da sua casa. Pois ele subiu na árvore e lá ficou, impedindo o corte.

O gesto, misto de provocação e piada, pois seria ridículo prender um professor universitário por ter se empoleirado num galho, continha também alguns ensinamentos. Numa época em que ainda não existia consciência ecológica, ele defendia ardorosamente um pedacinho da natureza. E recorria ao velho método da ação direta. Nada de reuniões para discutir o que fazer, de petição à prefeitura, de abaixo-assinado.

É esse Paulo Emílio que reencontrei nos ensaios do Decio de Almeida Prado.

MS

3/8/00

Contíssima criatura,

Paulo Emílio? O Paulo Emílio Sales Gomes que está perfilado e saudosamente lembrado no livro do Decio de Almeida Prado? Acho que o conheci. Foi num fim de tarde, num bar simpático que ficava ali perto, ou dentro, da galeria Metrópole. Ou ele ou eu estávamos tão bêbados que não me lembro de nada. Ou então, estávamos os dois num tal porre que não éramos sequer nem um nem outro. Presente também, de certa forma — ele vive fazendo isso —, o Jaguar, com quem eu fora a São Paulo ou para pontificar sobre humor na Casa de Mário de Andrade (não, esse não estava presente) ou para renegociar uma tira em quadrinhos que fazíamos a quatro mãos (e três dedos, mas isso é uma história complicada). Como o Jaguar é a única testemunha do não-evento que acabo de relatar, possível que nada disso tenha ocorrido.

Paulo Emílio Sales Gomes dava aulas de cinema. Além do mais, segundo você, "Cinema", com C maiúsculo, apodada também a "sétima arte". Duvido, dou o meu aos cachorros se você for capaz de me enumerar, neste instante, de bate-pronto, as outras seis! Entendo agora por que (se era ele, se era eu) o pileque no bar Metrópole. Pior do que fazer cinema só mesmo escrever ou ensinar cinema.

Tudo somado, não, não conheci esse Paulo Emílio Sales Gomes. Gosto mais dele trepado na árvore impedindo trabalho da prefeitura do que incitando pobres rapazes — de origem possivelmente modesta, facilmente influenciáveis — a prestigiarem filmes feitos e passados no Brasil.

Agora, se o Paulo Emílio Sales Gomes estava bebendo comigo e o Jaguar ali na galeria Metrópole, e todas as pessoas envolvidas no encontro se mostram incapazes de autenticar sua ocorrência, daí então só posso, só se pode, concluir que o estro sádico de recomendar filmes brasileiros aos jovens acabou cobrando um preço caríssimo: o de ir — ou não, conforme o caso — beber comigo e o Jaguar na galeria Metrópole e, em meio ao deboche geral, rir daquelas bobagens pretensiosas que se fazia na época.

E, olhaí, moreno, valia gozar de Glauber Rocha a Ingmar Bergman! Bom mesmo era Gerd Oswald, Joseph H. Lewis, Budd Boetticher. Concordávamos, lembrávamos planos, sequência, gruas, tomadas, fiapos de diálogo. Nem sei como acabou a noitada (no caso, já especificado, de ter ocorrido uma noitada).

IL

6/8/00

Devoto Ivan,

presumo que você esteja em Portugal, fazendo sua peregrinação anual ao Santuário de Fátima. Posso visualizá-lo percorrendo a pé, contrito, a estrada que liga Cascais, onde fica sua modesta quinta de dezenove cômodos, à pequenina cidade onde Lúcia e seus primos Jacinta e Francisco viram a Virgem. Vejo-o (sim, como os singelos pastorinhos, também sou dado a ter visões) de joelhos em frente à horrenda estátua de Maria. De olhos cerrados, suando como um cavalo, você murmura preces, rogando ao Imaculado Coração da Mãe de Deus que faça o seu computador portátil conectar-se sem sobressaltos. Promete parar de praguejar contra as pulsantes linhas telefônicas lusitanas. Temendo que lhe cresçam pelos na palma da mão, jura não cair mais em tentação. Garante que não terá maus pensamentos em relação a Lassie. Em transe místico, vai de joelhos até sua possante Bentley, que o acompanha desde Cascais, pilotada pelo seu fiel motorista, Joaquim, que lhe oferece uma revigorante taça de champanhe geladinha.

Com a benção do

Mario Sergio

8/8/00

Irmão,

você não está salvo. Visível está nas entrelinhas de seu ataque maricida aos pastorinhos, ao mistério de Fátima e às recentes revelações feitas pelo Vaticano quanto ao terceiro segredo. Não vejo motivo para debochar de minha devoção, minha peregrinação anual à cidade que, em 1917, num clarão de luz, foi palco da mais gentil peça (e não me venha com jogo de palavras) que se possa imaginar: três crianças inocentes viram e conversaram com a mãe do Salvador. Eu, na mesma idade, só me dava com o Tico, do terceiro andar, e o mais perto que estive de uma visão foi quando assisti, pela primeira vez, *Aladim e a lâmpada maravilhosa*.

Seja sincero: no fundo mesmo, agora que ruíram as ideologias e a globalização nos cativa e aprisiona em sua Net (nada de pessoal, hem, UOL!), você é mais Nossa Senhora da Conceição

Aparecida. Ah, nossos nacionalismos! É devoto neorromântico, frequentador da Basílica Nova, dessa que é a segunda maior igreja do mundo, onde quase todos os dias 45 mil fiéis agradecem a mortandade mensal de peixes na lagoa Rodrigo de Freitas, no Rio. Nunca entendi a relação ou o porquê do fato piedoso, mas, ao contrário de você, respeito a fé, o fervor, o empenho religioso — quase artístico — dos outros.

Segura aí que logo, logo vem o quarto segredo de Fátima: *O Capitão América contra o Caveira Vermelha.*

Conforme se diz, muitos beijinhos.

Ivan

10/8/00

Patrício Lessa,

enquanto você peregrinava a Fátima, peregrinava eu a Brasília. Foi minha 537ª peregrinação à capital. Gosto de Brasília, para espanto de familiares, amigos, conhecidos e desconhecidos. Gosto das avenidas largas. Das construções niemeyerianas, que parecem vestígios de uma civilização alienígena. Daquela legião de funcionários públicos a perder de vista, não fazendo absolutamente nada. Do laconismo dos militares: "positivo", "negativo", e estamos conversados. Das capivaras tranquilas que passeiam de madrugada nas imediações do aeroporto.

Gosto da discussão recorrente e bizantina, qualquer que seja o ano, conjuntura e regime político, acerca de quem será o próximo presidente. Dos carpetes dos gabinetes de autoridades, que parecem feitos com a pele de 10 mil vira-latas. Da conversa sobre baixa política nas salas de espera. Das fofocas sobre roubalheiras e adultérios. Das bandeiras puídas em mastros incontáveis. Dos horizontes sem fim. Da ausência de congestionamento. Do céu anil, do ar seco e do sol sempre a pino. Da barafunda de sotaques. Dos garçons de luvas curtas. Dos segredos que todo mundo sabe. Dos calorosos tapas nas costas. Dos lobistas atarantados nos corredores do Congresso. Da sensação de que o tempo não passou desde a última visita. Da lembrança das palavras de Vinicius — "imensos limites da pátria" — entranhadas num poema em que João Cabral canta a capital:

> onde se existe em extensão
> e a alma todoaberta se espraia.

Dos dois restaurantes onde se serve comida comível. Da unanimidade com que se fala mal do governo, seja ele qual for. Da inexistência de museus. Das gravatas incrementadas dos colegas repórteres. Da maneira como os pobres foram expulsos da cidade e sempre retornaram. De um quadro de Carlos Scliar na casa da presidência do Senado. Da cafonice generalizada. Das águas tranquilas do Lago Sul. Da lembrança das aspirações nacionais no início dos anos 60. Das luzes na Esplanada. Da solicitude enganosa das secretárias, que nos atendem sorridentes e conscientes de que o chefe só vai nos receber dali a uma hora. Da maneira como se é chamado: "ilustre", "doutor", "figura".

Dos comentários sinistros sobre a "gravidade da crise". Da sagacidade com que políticos escondem o que pensam com um palavrório floreado e precioso. Dos cafezinhos de coador. Dos paletós lustrosos dos contínuos. Da irrealidade de uma repartição pública monumental plantada no meio do nada. Da flora raquítica do cerrado. Da troca de guarda sem pompa dos Dragões da Independência. Da ausência de passado. Das precárias divisórias de compensado nos ministérios. Da percepção de que o poder é efêmero.

Em Brasília, somos todos íntimos: governantes, assessores,

deputados, jornalistas, ministros, garçons. Somos todos figurantes num cenário esplêndido. Somos marionetes de forças que estão alhures. Nela estamos todos em trânsito rumo a lugar algum.

Até mais ver,

Um brasiliense de coração

10/8/00

MS:

puta cagada. Escrevi matéria. Não salvei direito. Sumiu. Levamos a uma loja técnica às 7h da noite. Ficou lá na bateria durante uma hora. Esperamos num restaurante. Cento e oitenta libras. Isso aí. Voltamos. Agora são 22h17. Isto começou às 4h da tarde. Amanhã escreverei tudo de novo. Sorry.

IL

13/8/00

Primo Brasílio,

na quarta-feira, nós também, marionetes de forças alhures, pegamos o combóio aqui em Cascais e fomos a Lisboa. No cais do Sodré fizemos a baldeação para o Metropolitano. Saltamos na paragem Avenida. Descemos depois a Avenida, aqui e ali sentando num banco à sombra (eram 33 graus alfacinhas, ó pá!) para fumar um cigarrinho e ver os portugueses passarem. Ninguém passa melhor que os portugueses. Levam embutido consigo um jeito de estarem com a alma já assentada em outro lugar, entretida em outros afazeres mais interessantes do que o simples passar ou sentar numa rua ou avenida.

Levantamo-nos, passamos para o Rossio, fizemos a sua quadratura, atentando para o Nicola, a pastelaria Suíça, o teatro Nacional, a estação de Santa Apolônia, a esquina em que negros de Angola, Cabo Verde, São Tomé e Príncipe* discutem antigas questões tribais e novas rixas com o sistema da Previdência Social, ao mesmo tempo em que vendem pedaços de matéria plástica e algumas ervas não de todo proibidas pela lei. Um ou outro guineense passa cabisbaixo rumo à sede do *Diário de Notícias* para entregar artigo sobre a questão social e o imigrante. São todos jornalistas, os guineenses.

Tomamos uma ginginha lá na porta de Santo Antão e, do outro lado da praça, fomos rever a fachada do velho Animatographo, hoje transformado em *peep-show* impróprio para menores de dezoito anos. Meio-dia, sol de pino, deixava o velho cinema um campônio de meia-idade. Perguntei-lhe: "Então, estava bom?". Ele respondeu com uma careta de pouco-caso.

Na Augusta, sentamo-nos na esplanada de um café porque eu vira uma relação de sumos preparados com frutas típicas brasileiras. Aquelas tribos que perdi de vista há mais de vinte anos: açaí, umbu, cupuaçu et caterva. Caterva, aliás, não tinham. Fui de caju mesmo.

Despede-se o (atenção, há um acentinho no *i*)

Ívan

15/8/00

Ó pá,

fui ver *Sessenta segundos*, com o Nicholas Cage. O filme faria a delícia de Theodor W. Adorno, que vim a ler sob sua douta instigação. É um exemplo da tese adorniana de que o desenvolvimento tecnológico do cinema anda de mãos dadas com a regres-

* Ex-colônias africanas na África.

são. No filme, os carros adquirem atributos humanos e os humanos se relacionam como coisas. Fica difícil distinguir uns dos outros. Cage tem um caso com um Mustang dos anos 60. Apesar de um pouco gasta, a viatura mantém formas voluptuosas. Ela seduz o ator, que arfa roucamente enquanto a abraça, beija e percorre com as mãos suas curvas nuazinhas. Era isso que o Adorno chamava de fetichismo da mercadoria?*

MS

15/8/00

Cavalheiro:

mandei minha bostica de várias formas e maneiras. O grilo é incrível. Um stress, uma neura nova. A cibernética. Aguardo palavra, instruções.

IL

15/8/00

Ivan,

a carta chegou sã e salva. É a melhor da sua safra lusa.

MS

17/8/00

Menino!

terça-feira foi a abertura da temporada de caça. O grande dia "em que por montes e serras rebenta a fuzilaria", segundo

* Não, não era.

versos merecidamente esquecidos de Bulhão Pato, de quem devemos apenas guardar a receita para a preparação de amêijoas (muito alho, azeite, coentro). Estão nossos irmãos lusos soltos por aí, armados de espingarda à espreita de... que e quem? São trinta espécies de aves a nidificar em Lisboa. No cais do Sodré surpreendi bandos e mais bandos de estorninhos. Na doca dos Olivais e na marina da Expo contei corvo-marinho-de-faces-brancas, corvos vicentinos e mochos-galegos.

Você não sabia que eu era chegado a essas coisas, confesse. Espantou-se com a naturalidade com que "nidifiquei", admita. É isso aí, irmãozinho. Ninguém conhece ninguém e uma das poucas coisas decentes que um homem pode fazer aqui embaixo é surpreender seu semelhante.

Aqui do lado, na Villa Itália, está hospedada, na moita, a Stéphanie, de Mônaco. Atenção que esta é exclusiva: está *in love* com um rapaz que foi seu segurança. Estavam outro dia mesmo os dois a trocar juras e beijinhos na Quinta da Bicuda. Atenção: ela está grávida de dois meses. Quando você ler na *Caras*, não se esqueça que o furo é meu. Quer dizer... Bem, você sabe o que eu quero dizer.

Boca fechada que cavalo não sobe escada.

Ivan

17/8/00

Ivan,

o catzo da linha Speedy deu pau. Fiquei uma hora com um sujeito no telefone. As maravilhas da tecnologia. O tormento matinal combinou bem com o terror noturno: a Lina, coitada, teve dor de ouvido e acordou chorando 437 vezes.

MS

20/8/00

Ilustre passarinheiro,

impressionou-me sobremaneira sua erudita exposição sobre ornitologia lusitana. Jamais imaginei que tivesse interesse em corvos, mochos e que tais. Pelo que entendi, além de peregrinar a Fátima, você vai a Portugal para participar da temporada de caça, dando preferência a fuzilar avezinhas que não lhe fizeram mal algum. Bom proveito, franco-atirador. Cautela para não acertar por engano, ou de propósito, um Manoel ou um Joaquim.

Também dou meus pulinhos no terreno ornitológico. Do alto das estantes de minha biblioteca, quarenta séculos de livros sobre pássaros me contemplam. Mais precisamente, são quatro livros. O mais volumoso (quase novecentas páginas) é o excelente *Ornitologia brasileira*, de Helmut Sick, cuja contracapa é de autoria de Carlos Drummond de Andrade. O poeta encerra o seu emocionado panegírico com um "obrigado, professor Sick, em nome dos homens, das mulheres e das aves de nosso país". Drummond não esclarece como obteve a delegação dos pássaros: assembleia? voto secreto? urna eletrônica?

Outro é *The world of Amazon parrots*. Tem bonitas fotografias e serve de valioso auxiliar no trato com Odette (dois tês, por favor), a *Amazona estiva* que você conhece de fotografia. Por sinal, ela anda bicando as próprias asas e não dança com tanto entusiasmo o sambinha do Herivelto Martins. Suspeito de problemas psicológicos. Ela tem ciúmes evidentes da Lina. Penso em submetê-la a uma análise lacaniana.

A biblioteca termina com *Aves da Mata Atlântica* e *Aves do campus*. Esses, por mais fininhos, são usados para ir lá fora checar quem são os visitantes alados que gorjeiam no quintal. Começo a identificar o pipilar de doze aves: curió, quero-quero, bem-te-vi, tucano, jaó, curiango, sabiá-laranjeira, pintassilgo, galo-da-campina, juruva, uirapuru e corrupião (que assobia o ouviram-do-Ipiranga-às-margens-plácidas do Hino Nacional).

Nos anos 60, Rubem Braga escreveu uma crônica atestando que viu um sabiá pousado numa palmeira no Rio. É provável que fosse um sabiá-laranjeira, o mais comum na região. Mas era um sabiá atípico. Pelo seguinte. Aqui no quintal há sabiás. Sei identificá-los pela aparência, plumagem, hábitos (à tardinha eles ficam ouriçados) e, agora, pelos gorjeios. Também há palmeiras no quintal. Pois nunca vi um sabiá trepado numa. Nelas só pousam periquitos e maritacas. E apenas quando as palmeiras estão com coquinhos maduros. Olavo Bilac estava cascateando, concluo. Não deixa de ser engraçado: um dos poemas mais conhecidos da literatura brasileira está errado. Isso deve ter algum significado.

Abraços pipilantes,

Mario Sergio

20/8/00

Professor:

agora só de Londres, segunda, minha rotina normal. Odeio viagem, o emalar, os funis dos aeroportos. Na pior das hipóteses, publique por mim estas linhas, devidamente censuradas, no caso de falta — ou minha ou do Boeing.

IL

22/8/00

Meu caro,

Rubem Braga, a quem chamavam de "o sabiá da crônica", costumava dizer, quando a ele assim se referiam: "Eu, sabiá da crônica? Sou mais o vira-bosta da crônica, minha senhora!". Era sempre uma senhora.

MS trocou as bolas, conforme se diz na seleção brasileira, e chamou o Gonçalves Dias, coitado, de Olavo Bilac. Também tacou crase em "às margens plácidas". Ratas que por certo não passarão despercebidas aos que nos vigiam cada passo em falso no idioma de... Olavo Bilac? Última flor do Lácio, inculta e bela, confere? Ou será que ele, o poeta parnasiano, estava se referindo a uma palmeira? Onde incultos e belos cantam vira-bostas ou bostejam os vira-cantos. Na verdade, vai ver Olavo Bilac era tão surdo que passou a vida inteira não só ouvindo errado o maldito pássaro gorjeador como também se acreditando Gonçalves Dias.

Ivan

24/8/00

Prezado,

errei quando botei crase no "ouviram do Ipiranga *às* margens plácidas". Errei como sempre errei quando fui submetido ao mesmo texto em provas de análise sintática no curso primário. Errei porque preferia dar pedrada em passarinho, ou ler Aristóteles e Kant, a acompanhar com denodo as aulas de português de dona Nadir, a bruxa que me assombrou a infância com sinédoques, hiatos e predicativos do objeto.

A crase fez com que a Patrulha do Idioma, PI, saísse a campo brandindo metonímias, obrigando o autor a colocar as mãos na parede, para revistar e ver se estava de posse de anacolutos e catacreses, enfiá-lo a golpes de apócope no camburão, recolhê-lo à Delegacia do Português, lavrar o devido Boletim de Ocorrência e processá-lo com base no artigo 4 do Código Penal da Academia Brasileira de Letras.

O esquadrão avançado da PI são os colunistas da Língua Pátria, que ora pululam em jornais e revistas. Ganham a vida apontando erros e endeusando a norma culta. Acham que ninguém fala ou escreve de maneira correta, exceto eles mesmos e Jânio Quadros. Têm o maior desprezo pelo populacho, que se expressa ao arrepio das regras codificadas no Petit Trianon.

Agora, pergunte o que os militantes da Patrulha do Idioma já escreveram ou falaram que seja digno de nota. A resposta: absolutamente nada. Nem um sonetinho para a namorada, um discurso em assembleia sindical, uma mísera reportagem, um brinde em homenagem ao aniversariante, uma croniqueta no jornal do clube. Quando abrem a boca, é para exalar mau hálito gramatical.

Abraços do

Gonçalves Bilac

25/8/00

MS,

*vi entrevista de Raul Cortez na TV lá em Portugal. Como apareceu nu, está fazendo malhação. Lear nu? Taque, ao menos, uma referência ao Lear do Cortez, só para fazer a ligação. Peça a ele malha e não malhação.**

IL

27/8/00

Mario Sergio,

já que estamos galgando os pináculos da língua, permita-me apresentá-lo a William Shakespeare. ("Bill, este aqui é o Mario

* Vide carta de 28/8/00.

Sergio, de quem te falei. Mario Sergio, este é que é o grande escritor e excelente figura humana, Shakespeare.") Ele não sai de moda aqui. Enviado (humm...) por meus empregadores ingleses ao famoso festival de Edimburgo, na semana passada, tive oportunidade, entre mil outras coisas, de pegar uma montagem de *Hamlet*, no Royal Lyceum da Atenas, ou São Luís, se preferir, escocesa. O espetáculo fica por conta da Berliner Ensemble. Não tenho nem alemão nem Shakespeare suficientes para acompanhar — vidrado, hipnotizado — o espetáculo. Concentrei-me então nos peitinhos de Hamlet. "Como?", perguntará você.

Hamlet tinha os seios mais bonitos que eu já vi num Hamlet. É que os alemães, entende, se cansaram desse negócio, entende, de príncipe melancólico, coisa e tal, então resolveram, sacumé, incrementar a coisa, fazer esse negócio que a gente — nós, brasileiros — sempre faz quando em dúvida ou diante de dificuldade: complicar tudo. Fingir que há uma tese. Um ponto de vista original. Só porque não temos coragem de admitir que somos doidos mesmo é por uma zorra. Um desmando, um deboche, uma esbórnia.

Sim, sim. Sarah Bernhardt foi de Hamlet. Asta Nielsen. Frances de la Tour. Giovanna Picchi. Uma tradição que não deu em nada que não fosse besteira. Agora foi a vez da Angela Winkler, que é o nome da alemã do Berliner lá em Edimburgo. Belas maminhas, disse eu com meus botões e zíperes. Logo de início, reparei que elas, as glândulas mamárias, eram do tamanho justo: nem muito grandes, nem muito pequenas. Caberiam na mão do tio fratricida Cláudio, como couberam. Ou na boca da louca Ofélia, onde também foram parar. E Hamlet subia e descia escadas do palácio com os peitinhos petulantes a lhe roçar, com as bicancas muito róseas, a blusa de algodão branco.

Seria um lugar-comum muito grande sugerir que o monólogo "aquele" virou, no lugar-comum que é minha mente, "seio ou não seio, eis a questão"?

Inté e doces sonhos, doce príncipe.

IL

28/8/00

Ivan,

*encaixarei o Raul Cortez.**

29/8/00

Camarada Lessa,

teatro, é? Estou por fora. Está passando aqui um *Lear* com o Raul Cortez. Cogitei assistir. Desisti quando um amigo contou que viu uma entrevista do ator na televisão. O cortês Cortez estava sem camisa e suando, para mostrar que está malhando. Prefiro um Lear de malha a um malhado e molhado.**

Gostaria de ter visto essa Hamleta que você assistiu na Escócia. E não apenas para acompanhar o doce balanço das maminhas gentis que partiram tão cedo desta vida descontentes. Interessava-me ver o Berliner Ensemble, para averiguar em que pé ficou o teatro épico brechtiano.

Recapitulando os ensinamentos do mestre materialista: a forma artística é o seu conteúdo social; o coração do teatro dialético é o diálogo; os atores precisam se distanciar dos personagens, de maneira a criticá-los; a montagem deve ser anti-ilusionista. Esses procedimentos visavam esclarecer o público popular

* Vá para a próxima carta.

** Vide carta de 25/8/00.

numa quadra de acirramento da luta de classes, fosse ele de avanço operário ou reação fascista.

Dado que se esvaneceram os pressupostos históricos que deram base às teorias brechtianas, em que pé elas ficam quando colocadas em prática pelo Berliner? Deixe um pouco de lado as tetas da Hamleta, por mais soberbas que sejam, e compartilhe sua visão dialética do espetáculo.

No aguardo,

MS

31/8/00

Mario Sergio,

Bertolt Brecht queria ser amado pelo que ele era e não por aquilo que as pessoas achavam que ele fosse. Um romântico, um sonhador! Segundo Alois, um dos famosos amigos do pensador e dramaturgo alemão, a genitália de Bertolt Brecht era em tudo semelhante a uma couve-flor e como tal era por eles tratada. Quando eu digo eles, refiro-me, é claro, a Alois, Brecht e o grupo de exilados alemães e austríacos que, à época da Segunda Guerra Mundial, andaram botando para quebrar na cidade de sonhos e ilusões que foi Hollywood.

O órgão reprodutor de Brecht era curto, grosso e curvado para a esquerda. Imaginemos agora um pé de couve-flor nessas condições entre as pernas e teremos uma ideia de como foi importante a dialética para Brecht, desde a mais tenra idade até o período crítico da adolescência, sendo sempre motivo de chacota entre os rapazes que gozavam (ha! ha! ui! ui!) de sua intimidade nos bordéis da Berlim dos anos 20.

Brecht só conheceu uma dialética: a de seu coração! Era o tempo todo o tiquetaque do amor a contar as horas do dia e da vida! A sua sístole era a do beijo que vem, sua diástole a do afago que se vai! Amou como poucos amaram em sua época e no território que ele mesmo traçou para si próprio! Suas conquistas são lendárias: Alois, Fritz, Hans, Schultz, Arndt, uma porção de gente que deixou sua impressão em livros e entrevistas hoje guardados no museu Brecht, em Estocolmo, onde acham maravilhoso esse tipo de coisa.

Em Hollywood, Brecht e os outros exilados preferiam frequentar-se apenas uns aos outros. Era sempre Bert, Alois, Fritz, Hans, Schultz, Arndt e Frederika. Todo sábado ou domingo a cervejada era na casa de um deles. Frederika era uma lésbica exótica que gostava de usar perna de pau juntamente com as outras duas perfeitamente normais que possuía. Foi nessa época, pouco antes da primeira caça às bruxas homossexuais iniciada pelo Congresso norte-americano, que Bert apodou de "sonho de virgem" o prato de linguiça com dois ovos servido com frequência na casa de Schultz.

Em meio a um almoço ou jantar na casa de amigos, Brecht gostava de ir até o banheiro, quando aproveitava para mexer nas gavetas do quarto dos donos da casa, roubando pequenas coisas sem importância. Em seguida, pegava uma peça dos trajes íntimos porventura à mão e, trancado no banheiro, com ela enfiada na cabeça até o pescoço, masturbava-se com sofreguidão. Depois de verter os vestígios de seus prazeres proibidos na pia e abrir a torneira, BB (outro de seus mil apelidos) voltava à reunião como se nada tivesse acontecido. Para casa, ele levava a satisfação do prazer saciado e, quem sabe?, uma abotoadura ou um brinco. Quem pode explicar ou entender um gênio?

IL

1º/9/00

Ivan,

Vamos no fim da tarde para Campos do Jordão: aniversário da Flávia.

Bom fim de semana,

MS

3/9/00

Lessinha,

para ficarmos ainda no papo teatral: entrei nos diários do Kenneth Tynan, que terminam em 1980 com a morte do autor, de enfisema pulmonar. Rapaz, que montanha-russa: indiscrições formidáveis, sadomasô da pesada, falta de dinheiro, brigas entre amigos, porres de enfiar o pé na jaca, celebridades sem calça, observações judiciosas, abissal desespero.

Conto dois casos. Em 1962, John Kennedy convidou Marlene Dietrich a dar um pulinho na Casa Branca. A atriz chegou às 6h da tarde. Estava preocupada porque uma hora depois precisaria estar na homenagem de uma organização judia. Kennedy chegou às 6h15. "Espero que não esteja com pressa", disse-lhe o presidente. Ela contou da cerimônia dali a pouco. "Isso não nos dá muito tempo, não é?", perguntou ele. Ela: "É, Jack, parece que não temos muito tempo". Foram rapidinho para a cama presidencial e deram uma rapidinha. Depois, ele dormiu. Eram 6h50. Ela se vestiu e, sem saber como sair, gritou: "Jack, acorda! Tem 2 mil judeus esperando!". Ele se enrolou numa toalha e a levou até um elevador. Marlene Dietrich tinha 51 anos. Kennedy, 45.

Em 1955, Tynan estava casado com Elaine Dundy; e Laurence Olivier, com Vivien Leigh. Tynan havia escrito críticas massacrando Vivien. Olivier o acusou de ter provocado um colapso nervoso na mulher. Mas como eram amigos, o ator convidou o casal a passar um fim de semana em sua casa de campo. Tynan e Elaine chegaram no sábado de manhã e Olivier não estava — só viria para o jantar. Vivien os recebeu bem. Beberam aos baldes no almoço. O crítico foi tirar uma sonequinha com a mulher, num quarto de camas separadas. Estava dormindo e sentiu alguém acariciando-lhe as pudendas. "Era Vivien, nua debaixo de um peignoir", escreve Tynan. "Comecei a corresponder e então pensei que seria impossível cornear um homem que eu venerava sob o seu próprio teto — um pensamento verdadeiramente broxante." Afastou a atriz, que resistiu um pouco, mas acabou saindo da cama, e foi para a de Elaine. Tynan se vestiu às pressas e, ao sair do quarto, viu a mulher e Vivien dormindo abraçadas.

Mario

4/9/00

Ei,

Campos do Jordão. Tem uma foto minha numa praça num carrinho puxado por bode, 1940, acho. Você andou de bode lá? A Lina andou de bode?

IL

5/9/00

Ivan,

em Campos do Jordão não tem bode. Tem trenzinho, maria-fumaça. Tem teleférico, que sobe o morro do Elefante. Tem também a Gruta dos Crioulos.

MS

5/9/00

Ih, rapaz,

Gruta dos Crioulos: não tens ideia de como me sinto safe* *de não estar no país onde há um acidente, ou propósito, geográfico com um nome desses.*

IL

5/9/00

Sergíssima criatura,

Kenneth Tynan. Nhô, sim! Foi crítico de teatro influente aqui na Inglaterra, nos anos 50 (época daqueles caras insuportáveis, uns jovens das classes inferiores, zangadíssimos com alguma coisa), depois se mandou para os Estados Unidos, onde escreveu de novo sobre teatro e traçou alguns perfis admiráveis. No meio disso tudo, não deixou de ser uma espécie de conselheiro teatral do National Theatre da Grã-Bretanha, quando este tinha (estetinha: um crítico de arte com menos de 1,60 m de altura) Laurence Olivier à testa.

Seguinte: nunca entendi esse esquema de escrever diário. Qual é? Tudo por causa daquele tal do Samuel Pepys que, no século XVII, sem blicas para fazer de noite (não havia televisão, três parceiros para pôquer, ou sexo sem peste negra), ficava lá feito um idiota escrevendo tudo o que achava — achava! — que vira, dissera e fizera durante o dia. Se tivesse que pegar numa enxada, garanto que não tinha tempo para essas frescuras de "diário", não. Por que é que uma pessoa normal mantém um diário? Para dar um sentido, o mínimo que seja, ao horror que é sua vidinha. Ou, mais possivelmente, tacar na folha em branco tudo quanto é

* Em português, "safo".

safadeza que ouviu contar dos outros. Dos outros! Senão vira confessional, e esse aí, sabemos, é mais embaixo, o objetivo é outro: contar vantagem ou pedir perdão. Na maior parte das vezes, diário é onde se mente. Onde, na eternidade, vamos às forras com os outros.

Sacanagem, eu entendo. O camarada, ou a camarada, encerrado o expediente, tacar lá: "Então eu cheguei e pus isso naquilo e aquilo nisso e botei o coiso na coisa e...". E splish-splash, feito diz o samba-canção, né mesmo? É uma boa de se reviver depois, ler em voz alta às gargalhadas para os amigos. Ou legar para a posteridade, se for tudo inventado.

Eu estava num restaurante em moda aqui em Londres. Sessenta e oito ou 69. La Terrazza. Caro e comia-se mal. Depois do teatrinho (na época eu ia a uns três por semana. Loucura, hem?), aproveitando a boca-livre de amigos ricos, eu recomendava o La Terrazza. Eles queriam ver gente conhecida. Eu também, para ser franco. Um dia, ou noite, digo, lá estavam do meu lado Tynan e o Roman Polanski. Mesas muito juntas. Passei o jantar inteiro (melão com presunto de Parma, óbvio, seguido de um detestável e aguadíssimo *spaghetti carbonara*) tentando ouvir Tynan e Polanski. Nem me lembro das mulheres com os dois. Deve ter sido Sharon Tate com Polanski. Do papo, peguei apenas os seguintes itens: John Ford, *Stagecoach*, perseguição de caubói e índio e um problema qualquer a ver com a direção em que a coisa se dava, se era da direita para a esquerda, ou vice-versa. Não lembro mais nada.

Se eu tivesse chegado no meu quartão, lá em Willesden, no noroeste de Londres, e tomado notas, de nada ou em coisa alguma adiantaria. Inteligentemente, fui folhear uma das novas revistinhas dinamarquesas que me custavam uma nota.

IL

7/9/00

Caro Ivan,

também já encontrei o Polanski. Num Festival de Cannes. Tivemos um diálogo impagável num elevador do Hotel Majestic. "*Bonjour*", disse-me ele, entrando. "*Bonjour*", respondi. Foi tudo simpático e informal. Deu para perceber que o pequeno polonês é bem-educado. Nem parece um pedófilo.

A Inglaterra é um país de pedófilos ilustres, benquistos, úteis à sociedade. Vêm-me à mente os nomes de Lewis Carroll e John Ruskin. O Carroll todo mundo sabe. Aquela mania de fotografar garotinhas de doze anos, semidespidas e em poses sensuais, era mais do que óbvia. A pedofilia do autor de *Alice no País das Maravilhas*, que eu saiba, nunca foi perseguida ou punida.

Uma descrição de Ruskin: "Ela estava deitada com os braços jogados para trás, sobre a cabeça, toda lânguida e lassa, uns poucos trapos pretos sobre os quadris, os membros quase nus, e seus pequenos seios, ainda não formados, brancos como mármore". Sabe quantos anos tinha a menina? Oito. Vê-se o velho babão nojento.

E o cara não ficou só no escrito. Paquerou várias meninas, e casou com Euphemia Gray, que conheceu quando ela tinha quinze anos. Casaram-se quando ela estava com vinte. Cinco anos depois, Euphemia pediu e conseguiu o divórcio. Alegou que continuava virgem. O grande crítico permaneceu virgem a vida inteira.

Mario Sergio

10/9/00

Garotão,

você me colocou numa sinuca de bico, menino! Pedofilia. Pe-do-fi-li-a! Uau! Ô loco, sô!, para usar da única gíria doada por

São Paulo ao mundo. Só de escrever a palavra sinto medo. O assunto é melindroso e só mesmo a indomável vontade de V. S.ª me ver em apuros justifica a abordagem do assunto. De pitoresco, se tal pode haver nessa história, foi o fato de uma pediatra, no País de Gales, ser confundida com pedófila. Picharam a casa dela, recebeu telefonema ameaçador, está com os nervos abalados, vai se mandar. O País de Gales é fogo. A única coisa que eles fazem direito é cantar em coro e vomitar depois do porre de sábado à noite. Eu preferia não continuar este papo. Mudemos de assunto rapidamente que essas coisas acabam em besteira. Deixo-o com um pensamento: vem cá, e quando a gente é garoto e brinca de médico ou de papai e mamãe com a filha da vizinha? Parece que é um tremendo *rush*, né? Nabokov andou por aí, segundo suas memórias e seus biógrafos. Eu quero saber o seguinte: é pedofilia a dois? Se lembrar e regozijar (meço minhas palavras) é pecado? Recordar é viver? Ou crime também?

Ivan

12/9/00

Moreno frajola,

encontro-me em Salvador e não ouvi ninguém dizendo "óxente". Aliás, desde a primeira vez que aqui estive, há quase trinta anos, não lembro de ter escutado a referida expressão, assim como "cabra da peste", "cabeça-chata" e outras do mesmo jaez, tão usadas por nós do Sul.

Ontem fui até o Rio Vermelho e bati um acarajé com suco de cajá. Hoje, fui até o Porto da Barra, onde tracei outro acarajé, acompanhado de suco de cupuaçu. No café, mandei ver suco de umbu e tapioca. Para o almoço, cogito uma moqueca de siri-mole e suco de cacau. Amanhã, vatapá, também conhecido como *la chose jaune*, e graviola. Graças a todos os orixás, iansãs, oguns, oxalás, búzios, oxóssis e iemanjás, a comida em Salvador continua ótima.

Aqui e ali, se vê o que não se deveria ver: um shopping center que poderia estar em Miami, e não na Pituba; morenas frajolas fazendo cooper; lojas de artesanato industrializado. Mas no geral as coisas continuam como deveriam ser: malemolência, sestro, vagar, caruru, mungunzá. Até o futebol na praia continua o mesmo: os baianos são uns tremendos pernas-de-pau. Não acertam um passe e a cada dois minutos interrompem o jogo para discutir.

Os baianos são porretas. É raro eles elogiarem algo ou alguém não baiano. Não dá para discordar muito. Ao menos quando se lembra das baleias em Abrolhos, do sertão que se contempla do alto de Monte Santo, da caatinga de Cansanção, da capoeira na frente da igrejinha da praia do Forte, do mar do Curuípe, da micareta em Alagoinhas, das noites de lua cheia no Abaeté, do São Francisco barrento à beira de Juazeiro, das rochas de Vitória da Conquista, das sacadas e sobrados da Ribeira.

Você já foi à Bahia, Lessa? Não? Então vá.

MS

14/9/00

Caro,

não fui almoçar. Preferi, ao invés, ir — pela enésima vez — ao banco. Não, a remessa não foi creditada em minha conta. Minha próxima colaboração só sai daqui mediante garantia e/ou comprovante de que o dinheiro deixou o Brasil. Ao longo desses 22 anos só tive esse tipo de problema de pagamento com um Pasquim *na época da falência, com a* Gazeta Mercantil (*mas avisado com antece-*

dência). A Folha *pagou-me religiosamente. O mesmo acontecendo com* Estadão, Jornal da Tarde, Status *e também o falido* JB.

Grato e, conforme dizem, desculpe qualquer coisa.

Ivan

MS: eu bati as linhas acima e taquei o endereço eletrônico do Caio. Daí parei e pensei duas vezes. Acabo mandando só para você, o que não faz sentido. Mais uma vez embrulho você nessa chateação.

IL

14/9/00

Sim, nego,

já fui à Bahia. Estive em Salvador por três dias, em 1958. Eu acompanhava o fotógrafo americano J. D. Barnell, que tinha o melhor emprego do mundo: viajava tirando fotografias para a capa da *Seleções* do *Reader's Digest.* Todas as edições em todas as línguas. Ia e deixava dois anos de capa. Na época, eu fazia umas traduções para *Seleções.* Pagavam o melhor preço da praça. O dobro por página a traduzir. Então, eu, garotão, fui quase que literalmente do Oiapoque ao Chuí acompanhando o imbecilão do americano, como intérprete e relações-públicas. Começamos em Santana do Livramento e fomos até Manaus. Uns dois ou três meses viajando. Única vez que passei perto do que é conhecer o Brasil. Foi bom. Mais não digo.

Mas sim. Salvador, 1958. Ficamos no hotel Nacional. Lembro de irmos fotografar tapeçaria de Genaro de Carvalho, logo ali do lado. Lembro de ateliê de Mario Cravo no Rio Vermelho. E esse troço: minha Nossa Senhora, nunca vi tanto pobre em minha vida! Mas pobre a seco, sem nada de pitoresco! Sem bandeja com guloseima na frente. Tinha era perna com elefantíase, chagas, moscas.

Fomos ao terreiro daquela senhora, a do Gantois.* Lembro que uma mocinha, branquérrima (coisa rara na época), em pleno transe de pombajira, posava e flertava loucamente com o canalha do fotógrafo americano. Aliás, em todas as cidades em que estivemos, observei isso: as moças davam bola paca pro cara não pelo fato dele ser boa-pinta (não era) ou cativante, mas apenas por ser americano. A americanice era seu charme. Isso passou, não passou não?

Salvador era um cheiro que sinto até agora. Era bodum, dendê e miséria. Dos três, o mais pungente era o da miséria. Mas isso passou, não passou não? Sei que há um homem muito bom, de grande coração, personalidade fascinante, cabelos brancos finíssimos que são um convite à carícia, um homem chamado Antonio Carlos Magalhães, que vive com o único objetivo de salvar a Bahia.

Saravá, olorum, banzo, nagô etc.

Ivan Oxóssi

15/9/00

Ivan,

talvez seja melhor esperar até segunda, para checar se o dinheiro caiu. Falei que suas contas de luz, telefone, prestações eram deduzidas automaticamente. Você fez bem em não mandar o e-mail.

Mario

* Pronuncia-se *gantuá*.

16/9/00

Ei,

fomos almoçar com Juliana e Henry no Falconieri. No caminho, taquei o plástico lá na parede para conferir o saldo: ocá. O dinheiro foi depositado no decorrer do dia de ontem. Grato e desculpe a sobra.

Cruéis saudações.

Vani Assel

17/9/00

Nego,

primeiro em Macapá com brasilianistas. Agora na Bahia com um fotógrafo. Pelo jeito, você só andou pelo Brasil com americanos. Que mania, que tara é essa? Gosta de língua gringa quando ela lhe roça as orelhas, a nuca?

Fui ver um comício em Valença. Procure no mapa. É depois de Itaparica. Qual não foi minha surpresa ao encontrar na cidade uma rua chamada Assel Navi. Avivo sua memória: Navi é aquele turco que deu de presente ao Byron o exemplar de *Novelle Galanti*, livro que inspirou o vate nadador a compor sua obra-prima, *Don Juan*. Pois bem: pouco depois, por motivos nunca esclarecidos, Navi veio para o Brasil e se estabeleceu em Valença. Tomou parte na guerra da Independência, que só existiu para valer na Bahia. Navi morreu, vítima da sanha das tropas lusas. É simpático que os baianos tenham homenageado Navi com uma rua.

Yours,

MS

19/9/00

Minha flor,

deixa eu responder vocezinho em ordem para não confundir ainda mais sua pobre cabeça. Vamos lá. Eu andei pelo Brasil com americanos. Não foi só com americanos, mas fiz o possível. Eles eram e são nossos donos. Eles vinham, como vêm ainda, trazendo uma porção de contas coloridas que nos deslumbravam, e comiam nossas mães, nossas irmãs, nossas namoradas. Alguém tinha que ficar do lado segurando a vaselina. Por quantia módica, feito todo mundo, topei. O mundo é em inglês, ó talento e formosura! Vocês são (mal) legendados, (mal) dublados. Que outro país desse continente aí colhe "impeachments" em sua horta jurídica e jornalística? Vocês estão on-line, teclando mouses, usando software, dando notícias por e-mail. *And that's a fact.*

Assel Navi. Esta vida tem cada uma! Não é que o nome do turco, esse amigo do poeta Byron, o que virou rua na Bahia, é o meu invertido! No sentido de que é meu nome ao contrário. (Meu invertido é o Jurema Neves. Qual é o seu invertido?)

Esse papo sobre Byron não está com nada. Eu quero que você me conte tudo que está achando dessas grotescas olimpíadas.

Ivan

19/9/00

Bonitão,

estou indo para Fortaleza. Farei uma matéria sobre as eleições lá para prefeito. Deixei adiantada a carta. Está no anexo. Mande-a, por favor, direto para o UOL amanhã. Envie junto sugestões de título e chamada.

MS

19/9/00

MS,

e-mail do Diogo aqui em frente. Dá notícias. Simpático. Acho que você deve tentar dissuadi-lo de dar ao mancebo o nome de Brad Mainardi.

Quer dizer que vem mais uma vez tentativa sua de deixar responsabilidade comigo? Além do mais, só porque me cobre de presentes da cabeça aos pés, quer que eu dê título e chamada? Assim também é abusar, rapaz. Já estou nervoso. Vou errar tudo.

19/9/00

Ivan,

mandar o troço para jornalismo.uol@uol.com.br. Vê se não vai fazer cagada.

19/9/00

Ei,

oquei. Agora não se chateie se eu mandar a chamada "Mario Sergio urina na tocha olímpica". Já notaste que ando meio grosso, certo? Cuidado com os cearenses.

IL

21/9/00

Criatura torpe,

espírito olímpico é um monte de babacas, açulados por locutores, torcendo, feito eles dizem, pelas "nossas meninas". Espírito olímpico é uma patriotada atrás da outra. Uma opinião desinformada atrás da outra. Uma propaganda atrás da outra. Uma história atrás da outra sobre a moça pobre que saiu de Nova Iguaçu e, com muita fé no Brasil, conseguiu um espetacular oitavo lugar na prova de hóquei aquático.

Não fico totalmente por fora porque presto atenção a uma modalidade, a byroniana, e ainda assim sem envolvimento emocional, ficando-me apenas na técnica. Entre nadadores, as provas curtas são consideradas coisa de maricas. Por meio delas, contudo, dá para acompanhar a evolução de estilos, ensinamento sempre útil para os praticantes da verdadeira natação — a de longa distância, ao ar livre.

Isso posto, há dois nadadores olímpicos que podem ser colocados ao lado dos heróis da longa distância. O primeiro, como Freud e Schwarzenegger, era austríaco: Jonas Weissmuller. Quando emigrou para os Estados Unidos, aos quatro anos, ele mudou o nome para Peter John, depois foi apelidado de Johnny, e ficou mais conhecido como Tarzan, pois fez doze filmes no papel do homem-macaco. Disputou duas olimpíadas e ganhou cinco medalhas de ouro e uma de bronze. Mais impressionante: Weissmuller nadou sem pular do bloco e sem a virada flip, aquela que o sujeito dá uma cambalhota no fim da piscina, pegando impulso com os pés na parede. Ele bateu 51 recordes mundiais.

O segundo grande nadador olímpico começou a nadar com três anos. Seu pai lhe dizia: "Nadar não é tudo, vencer é". Estou falando de Mark Spitz. Ele também participou de duas olimpíadas, e ganhou nove medalhas de ouro, uma de prata e uma de bronze — mais do que o Brasil em toda a sua história olímpica, em todas as modalidades.

Splash-splash,

Mario Sergio

23/9/00

Cara,

a matéria foi trabalhosa. Um monte de gente para entrevistar, calor, distâncias, trânsito, cadeira desconfortável no hotel. Li minha carta. Rapaz, como está mal-escrita. Vou caprichar nas próximas.

MS

24/9/00

Oi!

andei fuçando os jornais, vendo nossas tolices. Lá estava tua cearada. Vou imprimir amanhã. Vou detestar as pessoas detestáveis e torcer para que haja muita cor local. Falar em cor: la chose jaune. *Quem cunhou?*

Terça tem jantar no Hilton, vatapá, aquelas coisas. Adoro. Na mesa com Liz Calder. A moça da editora Bloomsbury. Que edita Clarice, Chico Buarque, Ana Miranda, Zé Rubem, essa gente toda.

Saudações

IL

24/9/00

Prezado colega,

la chose jaune. *Quem inventou foi um jornalista francês, não lembro o nome, que veio fazer uma matéria na Bahia. Só lhe ofereciam vatapá.*

Atenciosamente,

MS

24/9/00

Primo,

fiquei sabendo por jornal inglês, um deputado de um estado aí, tal de Alagoas, que defende as cores do Partido Comunista (ai, eu fico nervoso só de digitar as duas palavrinhas! Chiliques de minha geração...), está propondo legislação punindo com volta às aulas de português todo aquele que abusar do anglicismo desenfreado. O homem está certo. Outro dia mesmo, o presidente da República, Fernandez Henriques Cardoza (foi assim que li), em plena cimeira (epa! se me escapou um lusitanismo!) de presidentes cucarachas em Brasília, disse que "pode haver *overlapping*". Se ele tivesse dito: "Vai haver fast-food pizza delivery para todos", ninguém se incomodaria, mas o *overlapping* pegou o pessoal distraído e como só um jornalista presente soubesse do significado do termo, tendo para ele uma tradução razoável (microcomputador de colo), deu num daqueles escândalos de dez minutos de duração, tão comuns ao nosso torrão natal. A Academia Brasileira de Letras apoia a iniciativa comunista.

A Academia Brasileira de Letras apoia a iniciativa comunista. Não leve a mal eu repetir a frase, Mario Sergio. Mas ela me intoxica, me vira a cabeça, me dá um frio na boca do estômago. Isto é como uma droga, Senhor! A Academia Brasileira de Letras apoia a iniciativa comunista. Ai! Ui!

Mas como eu ia dizendo, entre 170 e 210 milhões de pessoas falam, de uma maneira ou de outra, para o bem ("Você está salvo, irmão!") ou para o mal ("Isto é um assalto!"), português. Trata-se da oitava língua no ranking mundial, sendo a língua oficial de sete países reconhecidos como tais por entidades as mais variadas, do Centro de Estudos Teosóficos da Filadélfia ao Fundo Monetário Internacional (Buuu! Cuidado! Ele vem aí! Peguei um bobo na casca do ovo!). O português, além de se apropriar de terras e vidas silvícolas, levou também consigo algumas palavras, tais como *Ipanema* e *carioca*, muito em uso quando dos anos 60, quando vigorava, com fulgurante esplendor e malemolência, a bossa nova. Não podemos nem devemos nos esquecer também das contribuições resultantes do influxo, em séculos anteriores, de trabalhadores africanos importados, que, além de quitutes deliciosos (vatapá, caruru, efó) e ritmos e batidas contagiantes (baião, ximango, maracatu), legaram-nos palavras indeléveis como *bunda*, *banzo* e *serendipidade*. O ludopédio (quase que eu digito *football*) é o resultado desse cadinho racial e cultural que nos faz únicos no planeta.

Tudo isso não desculpa a péssima figura que andamos fazendo nos jogos olímpicos, bem sei.

Ivan

25/9/00

MS,

Buena Vista. *Não é minha música. Os caras são primitivos. Feito se chegasse um Ry Cooder no Brasil e, há alguns anos, descobrisse Cartola, Nelson Sargento, coisa e tal. Que ninguém nos ouça, também não fazem minha praia. O Wenders parece que quer dizer alguma coisa a respeito de Cuba, mas não diz porra nenhuma.*

Com o atletismo, interesso-me um pouquinho mais pelas olimpíadas. E é sempre uma delícia ver o Brasil sendo desclassificado, perdendo, perdendo, perdendo.

Ivan

25/9/00

Ivy,

do Buena Vista *vale a pena falar na* Correspondência. *Devemos ser os únicos que não gostamos.*

À bientôt,

MS

26/9/00

Cabra da peste,

sua última missiva encontrou-me na aprazível, ventosa e calorenta Fortaleza. Foi possível encontrar os verdadeiros cabras da moléstia, sertanejos da gota-serena, o pessoal que anda de peixeira na cinta, pilotando jegues turbinados. Escrevo essas mal digitadas com o computador portátil apoiado numa cabeça chata, que grita "óxente!" cada vez que chega mensagem nova.

Estou na praia do Mucuripe. À direita fica o porto. Mais à direita, subindo um morrinho, fica um restaurante onde se come peixe na telha. Quer dizer, assado na telha. Telha de telhado. Com pirão, jerimum, suco de caju e buriti de sobremesa. Não há nada melhor.

Escrevi "jerimum". Sabia que vem do tupi *jerimu*? Os cearenses, veja que gentinha atrasada, dizem a palavra na maior naturalidade. Em São Paulo, urbe desenvolvida e progressista, sintonizada na frequência da mundialização, as pessoas preferem *pumpkin*. Em escolas de petizes de milionários, comemora-se em outubro o Halloween. É uma festa típica paulista, na qual um monte de crianças imbecilizadas, filhas de capadócios, fazem máscaras com *pumpkins*.

É por essas e por outras, muitas outras, que concordo com você, com o deputado comunista e com nossos amigos de fardão:

é preciso policiar o idioma. Encarei o projeto de lei do ilustre parlamentar vermelho como uma provocação. Para ver se a negrada se tocava e debatia o ridículo que é chamar liquidação de *sale*, programa de entrevistas de *talk show*, disco rígido de *hard disk*. Mas qual. A Patrulha do Idioma (lembra dela?) deitou falação. Com a ignorância façanhuda que os caracteriza, argumentaram que, como no *French kiss*, é impossível impedir que as línguas se enlacem e se misturem. O deputado foi ridicularizado. Chamaram-no de burrão sul-americano. De nacionalista tacanho. E, era de se esperar, de comunista. Com a lei, o pernicioso deputado estaria querendo contestar o óbvio: que bom mesmo é o *American way of life*.

MS

26/9/00

Menino,

eu estou tão nervoso! Jantar hoje no Hilton. Estar na rua depois das 4h da tarde. Ver mais de quatro pessoas. Me dá um frio aqui na boca do estômago que você nem imagina! Vai dar bobagem. Nunca estive na rua depois das 5h da tarde que não tivesse acabado em besteira.

IL

28/9/00

Mario Sergio,

deixaste Fortaleza? Parafraseio Drummond: parabéns a Fortaleza, parabéns a Mario Conti.

Há uma facção saudável da Patrulha do Idioma. Gente que vive para preservar o bom, ou ao menos razoável, uso do português. Um deles tacou uma seçãozinha e chamou — creio — de "Baú das Palavras". A coisa pegou, fez sucesso. Quer saber quais palavras foram para o baú, para o museu, papadas pelo tempo? Segura aí: *pulgueiro*, *intrujão*, *mulher cabriola*, *meganha*, *casa* (sic) *de secos e molhados*, *frajola* (que outro dia mesmo você me mandou um/a da Bahia). Vamos adiante, que tem mais. *Janota*, *almofadinha*, *mexeriqueira*, *faniquito*, *pinguço*, *ficar grogue*, *metido a sebo*, *embasbacado*, *sorumbático*, *frege*. Num outro domingo, tinha *sirigaita* e *ziquizira* servindo de exemplo de como se falou bobagem nesse país.

Meu problema é que tudo isso, todas essas palavras, se referiam, como ainda se referem, a uma coisa, um objeto, uma ação, uma maneira de ser, estar e existir brasileiramente dentro do mundo. *Pulgueiro* não tem mais? Feito *poeira*? É tudo multiplex de luxo? Os lutadores de boxe não ficam mais grogues quando tomam um *jab* (perdão pelo anglicismo, Mario Sergio) na fachada, meu chapa? As sirigaitas não têm uma ziquizira por causa de um frajola metido a sebo que as deixou embasbacadas e pinguças?

O fato de eu não ver uma pessoa tomando chimarrão há mais de quarenta anos não quer dizer que o hábito tenha sido abolido lá no Sul, tchê! Eu me lembro dos esplêndidos Joel Silveira e Rubem Braga, num papo, falando de como era imprescindível tirar sempre uma palavrinha lá da cozinha, dar uma limpada, um bom brilho e depois tacar na cristaleira da sala de jantar para as visitas admirarem. Uma gíria e um bordão podem e devem pedir seu boné e se mandar. Palavra não.

Agora, *fast-food*, *know-how*, *happy hour*, *free shop*... Sim, sim, brasileiros! Façam como esses belicosos neo-hippies: coquetéis Molotov neles! Ou coquetéis Lourival Fontes, coquetéis Filinto Müller. Traduzam, adaptem.

Sempre seu,

IL

29/9/00

MS,

Elizabeth enlouqueceu. Foi ontem ao teatro. Ver o Abbey Theatre. Uma peça sobre a mulher do Oscar Wilde. Coitada, saiu duas vezes numa semana. Espero que Juliana nunca venha a saber. Falarei com o médico na segunda-feira. E Juliana vai comer lá em casa hoje, uma vez que vai deixar o Oscar, o gato que salta da janela. Vai amanhã por dez dias a Firenze.

IL

1º/10/00

Intrujão,

há alguns anos, a propósito de *O céu sobre Berlim*, Pauline Kael cunhou uma expressão que, apesar de um poucochinho pedante, serve para todo o cinema do Wim Wenders: kitsch pós-moderno. Por detrás daquela agonia pesadamente germânica, dos enquadramentos fora de esquadro, defendeu a briosa Kael, haveria convencionalismo cafona e melodrama pasteurizado. Hollywood também percebeu o mecanismo fraudulento e tirou a conclusão cabível: refilmou *O céu sobre Berlim*, botando o Nicholas Cage no papel do anjo e a Meg Ryan como a mocinha. Ficou só o kitsch habitual, com o toque *new age* dado pelos anjos.

Buena Vista Social Club foi elogiadíssimo. Explica aqui para o preto velho, caro Lessa: que catzo o Wenders tem a ver com músicos septuagenários de uma ilha caribenha submetida a quatro décadas de ditadura? Ele mostra uma Havana caindo aos pedaços, músicos vivendo na pobreza, desempregados, e não tem curiosidade de perguntar por que Cuba e seu povo estão daquele jeito. Medo de melindrar o comandante Fidel? De atacar o boicote americano? Vai saber. Fosse feito no Brasil, com, digamos, a velha-guarda da Nenê de Vila Matilde, é óbvio que o alemão encaixaria referências à desigualdade social. Como é em Cuba, deixou o contexto histórico e político de lado — o que é um meio covarde de tomar partido.

Amplexos,

Mario Sergio

2/10/00

Professor,

parei de trabalhar à meia-noite. Fui numas quebradas da cidade aonde não ia há anos (Itaquera, Aricanduva, Capão Redondo, Campo Limpo etc.) e constatei o horror in loco. *A Flavia saiu cedo para uma entrevista. A Lina acordou logo em seguida, recusou-se a mamar e quer brincar.*

MS

2/10/00

Oi, cara,

uma forma, um formato deve ter chegado aí. Andei fazendo besteira, para variar. Queimei o braço no fim de semana, levei um tombo na escadinha que leva à casinha de lixo. Dê impressões sobre a matéria. Beirei a engrossação de novo. A Lina votou? A Odette votou? Por que não? Parece-me injusto.

Inté.

El viejito Carajón

2/10/00

Viejito,

pô, você enfiou o braço no fogão, rolou pela escada, caiu no lixo, foi visto se mijando nas calças (há testemunhas), e para completar só conseguiu mandar uma das cartas.

A Lina foi votar comigo. Apertou botões da urna eletrônica, que é bem bacaninha.

Sinceramente,

MS

3/10/00

Mario Sergio,

é isso mesmo. O *Buena Vista Social Club*. Não gostei não. E não por motivos ideológicos, feito você. O marxismo-leninismo, o trotskismo, o comunismo, todos esses "faniquitos da consciência liberal traída" (*apud* Julien T. Clerc) são sereias que jamais cantaram para mim.

Sou um senhor maduro que aprecia e valoriza a música cubana — do bolero ao *danzón*, passando pela salsa, o chachachá e o mambo. Uma salsa sempre pôs meu sangue a ferver nas veias e meus pés a baterem o compasso 2/4 ou 3/4 no piso do chão das várias casas que habitei.

Acontece que o gênero dos "superabuelos" redescobertos e condescendentizados (tem essa palavra?) pelo imbecil do Wim Wenders, o gênero, que é uma mistura de *son*, *trova* e *danzón*, não faz meu gênero, se me permite fazer mais um generozinho. Wenders chama o *Buena Vista* de "musicomentário". E o que chamará então aquele filme que ele fez sobre, com e em cima do quase-cadáver do Nicholas Ray? Necrocomentário? E não saiu também servindo de armação "steadicam" para a alzhameirice do Antonioni? O moço foi criado ouvindo rádio das forças americanas na Alemanha. Tinha que dar no que deu.

Uma coisa que me chateou, e muito, no *Buena Vista*, foi o que ele fez com os velhos. Os velhinhos são tratados como crianças. Como eu estou perto dessa fase (ser tratado como criança), sei a safadeza que é. Por que é que a plateia acha tão bacaninha assim o Compay Segundo ou o Ibrahim Ferrer e fica se dizendo "Ah, que gracinha!" e "Que coisinha fofa mais linda!"? Isso me deprime horrendamente, seu!

Mas fico por aí. Filme com anjo só se for o Claude Rains. E é triste e eu me sinto cada vez mais sozinho sabendo que você não tem a menor ideia a que estou me referindo.

Acuerdate de Acapulco, Mario bonito, Mario del alma?

Ivan del Lessa

3/10/00

Ivan,

liguei para o Diogo, apesar dele ter pedido que não. Contou que tinha te mandado e-mail sobre o problema do Tito. Está atordoado e ansioso. A Flávia falou com o pediatra da Lina e deu as informações que temos. Ele disse que o caso era "muito grave e preocupante".

MS

3/10/00

Oi, rapaz,

acabo de chegar aqui, abrir o aparelho e dar com um minucioso relato do Diogo sobre o problema do Tito. Meu coração ficou apertado, me deu um troço na boca do estômago. Mandei imedia-

tamente algumas linhas. Não sou de, não sei, rezar, mas estou de pensamento fixo lá em Veneza. Você, sabendo de alguma novidade, me avisa, por favor?

IL

3/10/00
Ivan,

falei há pouco com o Diogo. Está mais animado. O problema que o Tito tinha no pulmão melhorou. Está dopado (coma induzido). Amanhã deverá tomar mamadeira. É o Diogo quem está enfrentando sozinho a barra do hospital em Pádua, médicos etc. Disse que amanhã fará a coluna. Não quer parar de trabalhar. Precisa ter no que pensar. Que ama o menino do jeito que ele for.

Até,

MS

4/10/00
Ei, cara!

aqui tinha e-mail do Diogo de umas dez linhas dizendo com um pouquinho mais de detalhes o que dizia o teu recado. É um terror. Acabei de mandar umas linhas. Não mencionei mas é isso mesmo: trabalhar é bom nessas horas. É a única coisa que há, já disse alguém.

Abraço.

Ivan

4/10/00

Ivan,

Diogo mandou e-mail dizendo que o Tito já respira autonomamente. Não liguei hoje para não aporrinhá-lo.

Estou entrando numa maré de aniversários: hoje tem jantar com o André (dezenove anos!); amanhã, festa para as minhas sobrinhas (três e cinco anos); e domingo festa em casa para a Lina (um ano!).

MS

5/10/00

Meu anjo,

não, não se sinta sozinho. Estou aqui para segurar sua delicada mãozinha na escuridão: manjo o anjo Claude Rains. Fez Mr. Jordan em *Here comes Mr. Jordan*, que alude a Here Comes Everybody, o HCE, personagem de James Joyce em *Finnegans Wake*. Já que estou gotejando nomes, pinço a seguinte frase: "Só de pensar no que seria o Brasil se os clássicos tivessem uma circulação maior... bem, isso me tira o sono, me tira o sono". É uma tradução, adaptada para a latitude tropical, de um poema do Ezra Pound, o "Cantico del sole":

The thought of what America would be like
If the Classics had a wide circulation...
O well!
It troubles my sleep.

O Pound gravou o poema quando estava internado no hospital psiquiátrico St. Elizabeth's, em Washington, onde se fingiu de doido para escapar da cana por ter feito propaganda de Mussolini durante a guerra. Ouvindo com atenção, dá para escutar os passarinhos cantando lá fora enquanto o enjaulado poeta declama o "Cantico del sole". O verso "*O well!*" ele pronuncia *Waaal!* Esse *waaal!* virou um mote, uma pontuação, nos artigos do Paulo Francis. Você, que era amigo do Francis, sabe se o pastiche era consciente?

Abração,

Mario

5/10/00

Oi,

qualquer novidade do Diogo ou qualquer outra coisa manda lá para casa que eu estarei aberto (hummm) lá pelas 7h.

Inté amanhã, não se empanturre de doces.

IL

6/10/00

Ivan,

quando você viaja? Diogo não mandou notícias hoje.

MS

6/10/00

Hi,

estou marcado para domingo, 22. Americano é chato. Como tem papel, sô. Agora tenho que checar para ver se tenho vacina contra pólio e tétano.

Ivan

8/10/00

Mario Sergio,

o *waaal!* do Francis era do coitado do Pound lendo o poema, sim senhor, "Cantico del sole". Eu tinha o raio do disco. A gente tocava lá em casa, entre um Mel Tormé e uma Frances Faye. Ele se ria pra valer. Usou quando achou adequado. Pegou.

IL

9/10/00

Ivan,

sobrevivi aos aniversários. Coitada da Lina. A certa altura, deu um jeito de subir para o quarto. Quis ficar no berço, agarrada com o macaquinho com quem dorme. Acho que estava amedrontada. Hoje de manhã, lá foi ela, com a Flávia, que entrou de férias, para uma praia na Bahia. Abraçada no macaco, dando tchau: um encanto difícil de descrever, de definir.

Abração,

MS

10/10/00

Salve, Ivan,

a primavera chegou e voltou o horário de verão. Mas a única certeza de que a natureza se mexeu é dada pelas tipuanas e sibipirunas, que estão em flor. Flor, não: florzinhas, que desabam aos pentilhões e forram as esburacadas calçadas do bairro com um tapete amarelo-vivo, amarelo-sol, amarelo-gema-de-ovo, amarelo-canário, amarelo-amarelo para o qual cabem dois neologismos: amarelo-tipuana e amarelo-sibipiruna.

A sibipiruna e a tipuana são árvores que, em tempos imemoriais, foram plantadas em vários bairros: Paraíso, Aclimação, Vila Mariana, Ipiranga, Jardins, Pinheiros, Sumaré, Perdizes, Pacaembu. Florescem no meio de setembro. Este ano, estavam atrasadas. Os primeiros brotos só apareceram na semana passada. Em vinte dias, o amarelo-amarelo terá sido varrido e, báu-báu, só no ano que vem.

Na semana passada, jantei com dois amigos num restaurante na alameda Santos, onde há várias sibipirunas. Um deles estudou em Yale. Literatura comparada. Entre 1961 e 1963. Contou que era obrigado a ler 1200 páginas por semana. Em inglês, português, francês e alemão. E tinha de entregar um trabalho escrito, de vinte páginas, a cada três semanas. Trabalho escrito em inglês. Para evitar repetição de palavras, ele recorria ao dicionário. Um professor o chamou e disse: "Seu trabalho está bom, mas vejo que você usa *elegant variations*, um estilo que saiu de moda no inglês no século XVI".

Não sabia da existência das *elegant variations*. Já havia observado que escritores ingleses e americanos repetem palavras às mancheias, sem nenhum constrangimento. Enquanto isso nós, brasileiros, costumamos detestar repetição. Os dicionários de sinônimos do Antenor Nascentes e do Francisco Fernandes, aliás, estão me olhando de soslaio.

Mario

10/10/00

Mario Sergio,

estou não é desanimado com a viagem aos EUA. Mais, muito mais: temendo-a, odiando a ideia. É meu corpo, meu fôlego, minha idade, péssimos 65 anos. Acho que foi bem até os sessenta, por aí. Agora está a vida a me cobrar os excessos. Que eu dure pouco, que não conheça o que mais temo: a decrepitude.

Diogo parece mais animado com Tito mamando, chorando e tal.

IL

10/10/00

Ivan,

chegou a última e sensacional encomenda: os poemas em inglês do Brodsky. Alguns muito bons. Tem um chamado "Rio Samba" que é de rolar de rir: ele pegou o Brasil direitinho.

MS

10/10/00

MS,

não gosto do Brodsky. Devo ter lido errado, lido mal. Esse do Rio me interessa. As elegant variations *constituem caso interessante. Uma vez que em inglês — isso mesmo,* you are right *— eles estão se lixando para a repetição do substantivo. E quem é teu amigo, conte cá entre nós? Na certa estava só enfeitando mesmo: "discípulos de Marte" para não repetir "militares", qualquer coisa assim. A repetição soa mal a nossos ouvidos. O tal gênio da língua. Mas depende do ouvido de cada um. Com francês e italiano e espanhol dá-se a mesma coisa. Sinonímia é uma coisa, azucrinar o tímpano (eu não quis repetir "ouvido") outra.*

IL

10/10/00

Ivan,

o Brodsky é bom mesmo. Sente só os curtinhos:

I sit at my desk
My life's grotesque.

I went to a museum,
saw art ad nauseam.

Hail the vagina
that peopled China!

Convenhamos, rimar "vagina" com "China", só um poeta.

O meu amigo é o Roberto. Jantamos ele, o João e eu a cada dois meses. Meio que compensa a falta de local de trabalho, o papo com os colegas inteligentes. Além de três anos em Yale, o Roberto passou uns dez na Sorbonne. O João tirou doutorado em Stanford. Faço o papel de burrão sul-americano. Como os três temos dificuldade em escrever, ficamos embasbacados com o Stendhal ter acabado a Chartreuse *em 35 dias. O Mann ter terminado a* Montanha mágica *em quatro meses. E o Adorno ter ditado a* Estética*, um dos livros mais complexos jamais escritos — ou não escritos. Fluência é dom, acho.*

Ademain,

MS

11/10/00

Moço,

o poema do Brodsky é gozado. Tem coisa do Auden lá. Embora, vagina, que eu saiba, Auden não passava perto. China, sim: "I'll love you, dear, I'll love you, till Africa and China meet"...

Roberto: muito difícil o estilo dele. Acho que ele deveria ter continuado com variações elegantes. Juliana, nos três anos que fez de direito, até se formar, tinha mais ou menos isso que ele tinha.

Tenho inveja de você, de ter amigos, de levar adiante o papo. Aquela história, do Pound, de que civilização é a conversação inteligente entre as pessoas.

Paideume-se.

IL

11/10/00

Ivan,

falei ontem à noite com o João. Cantou "Parabéns" para a Lina: para reproduzir depois para ela, que está na Bahia. Li pra ele o trecho de um livro, que saiu agora, no qual o Sérgio Ricardo diz que foi o João quem primeiro lhe chamou a atenção para Karl Marx. O cantante reagiu: "Eu vou ser preso". Mas admitiu: leu Marx nos anos 50, quando achava o San Tiago Dantas um reformista bunda-mole.

Diogo mandou e-mail entusiasmado: Tito está em casa, mama.

MS

12/10/00

Mario Sergio,

você botou suas primaveris figurinhas na calçada. Topo o bafo-bafo. Minhas figurinhas eram assim:

Eu chegava de manhã na janela do décimo andar da avenida Atlântica, entre Bolívar e Barão de Ipanema, e lá estava o outono diante de mim: aquele marzão todo! Areia, onda, barraquinha, moça coxuda, *medicine ball*, linha de passe, carrocinha da Kibon,

Packard, Studebaker e um ônibus chamado Camões. O mesmo acontecia no verão, no inverno e na primavera. Tinha árvore, sim senhor! Nunca soube o nome das distintas. Lembro que eram verdes em cima e uma cor que não dá para chamar de castanho embaixo. Algumas árvores serviam de baliza no racha da Bolívar antes da praia, aquele com bola de tênis. A garagem do fundo da casa dos Paranaguá, na Domingos Ferreira, também serviu muito de gol, só que aí a bola era de vôlei e a gente enchia o pé pra valer. O estrondo no zinco ondulado da porta da garagem era um prazer orgástico mais intenso que o ulular coletivo de doze Maracanãs.

Parafraseio você: isso tudo é sinal de que a vida parou, a vida deixou de ser. O que agora se passa é sobrevida. Que pode ser entendida de duas maneiras, conforme o nome indica: ou uma vida que se coloca em cima da vida que se viveu ou, tão simplesmente, um prolongamento do estado que se foi, passou, morreu. Houve uma Hiroxima aí, rapaz, e ninguém notou. O melhor passou. Mesmo. E não há sibipiruna ou tipuana que me convença do contrário.

Quanto às questões, elegantes ou cafonas, de estilo, e suas variações, prefiro deixar para outra vez. O jorro amarelo que quase o derruba no chão, despertou em mim tudo quanto é ilusão e memória equivocada, as duas únicas coisas nesta vida que cultivo e procuro decorar os nomes.

Ivan

15/10/00

Ivão,

coincidiu da sua última carta atingir-me em cheio: em Copacabana, a princesinha do mar. Atingiu-me no Posto 5, a uma quadra da rua Bolívar, que você tirou do baú na derradeira missiva (repare que evitei a repetição de "última carta": *elegant variations*).

Deu para imaginar a molecada jogando futebol na rua. Mesmo porque uns garotos vinham da praia passando a bola um para o outro. Procurei a porta de zinco ondulado da garagem. Não a encontrei. Mas senti a vibração do gol feito de sem-pulo.

Voltei para a Atlântica e virei à esquerda: camelôs vendendo cartões telefônicos, mendigos comendo arroz com a mão, senhoras andando rápido para manter a forma, babás empurrando carrinhos, senhores se esfalfando em abdominais. Gente, muita gente. Gente demais. Todos empenhados em alguma atividade. Ninguém flanava.

Resolvi ir até o fim da avenida. À medida que andava, diminuía o número de pessoas no calçadão. Fui até o finzinho, até o morro do Leme. É bonito ali. Entre os morros da Babilônia e dos Urubus há um bom naco de floresta. Há chapéus-de-sol, que todo mundo, exceto os paulistas, chama de amendoeira, apesar da árvore não dar amêndoa.

Sentei na amurada. Casais de namorados, pequenas palmeiras, silêncio. Contemplei o Rio no lusco-fusco. Uma tênue neblina se levantava da areia. Lembrei de uma frase não sei de quem: "A tarde cai, é mais um dia que se vai, que se esvai, em nada, em nada mais".

MS

16/10/00

MS,

mil correrias, modens, benjamins, receber dólares na BBC, seguro do laptop, só 70% dando certo. Grande e-mail de Diogo. Parece que tudo bem. Graças a Zeus.

IL

17/10/00

Mario Sergio,

você sentadinho na amurada distribuindo rimas ricas às gaivotas e às mendigas com uma cobra em torno do pescoço e uma criança pela mão. Na minha época, anos 40 e 50, por aí, tinha um camarada que sentava num banco da Atlântica, logo depois da Santa Clara, no Posto 4. Ele também, com seus olhos de açúcar-cândi, era chegado a um crepúsculo. Tinha sempre um exemplar de *O Globo* no colo emocionado. A gente chegava perto, ele levantava o jornal e mostrava o bichão — aquilo é que era um poema, meu boneco!

Vivo te dizendo: a gente tem de assumir o fato de que há uma porção de desconhecidos acompanhando cada erro sintático e deslize gramatical nosso. Sem falar no fato óbvio de que, supostamente, estejam (cruzemos os dedos) vagamente interessados nas mentiras que enfileiramos aqui. Que seria do exibicionista sem o voyeur, né mesmo? Eu tinha uma namorada que, a uma certa altura-chave de nosso agitado relacionamento, berrava assim pra mim: "Bota esta cama na janela, seu filho disso e daquilo outro! Vamos ensinar a essa gente como é que se..." — e coisa e tal e tal e coisa.

Você pode achar de mau gosto. Eu acho singelo. Uma expressão sincera. Exemplo que nós aqui deveríamos seguir. Não me venhas, porém, de metalinguagem, hem, doutorzinho! O negócio é simples: ficar enganando e entretendo uns simplórios, criando (se der pé) uma ocasional controvérsia, faturando o máximo do tutu possível, para depois então ir jantar num bom restaurante onde não nos chateiem nem nos reconheçam. Que é onde o moderno jornalismo investigativo e a hodierna política administrativa se encontram e, de uma mesa para outra, alegremente se acenam, pagam uns drinques uns para os outros e voltam — voltamos todos — a soprar safadezas nos ouvidinhos das mulheres que nos acompanham.

Encerro com um furo jornalístico. Teipes. Desse espetacularmente irrelevante encontro entre dona rainha Elizabeth II e o senhor doutor papa João Paulo idem. Aí vai a transcrição:

Papa: Valença esboróvna polska Ringo?

Rainha: Ducor non duco pro patria dulcora est.

Papa: Elton tutameia leididí.

Rainha: Inhóque estingue vínceti.

Ariel Sharon: A madama e o cavalheiro podem me informar se o caminho para o Vaticano é esse aqui mesmo?

Ite Yoko est, Mario Sergio,

Ivan

17/10/00

Passante,

fui à ópera e, na volta, um fax de Gay Talese, da China, me conclamava a mandar perguntas imediatamente. Estou resenhando The kingdom and the power, *que está sendo lançado no Brasil com apenas 21 anos de atraso.*

MS

17/10/00

Mestre:

estou a caminho do aeroporto e não estou gostando. Bom trabalho com Talese, aproveite o papo.

Ivan

19/10/00

Psiu,

aí eu levantei da amurada no Leme e voltei para São Paulo. No começo da noite, subi até o espigão da Paulista, desci os Jardins, margeei o pútrido rio Pinheiros e cheguei a Santo Amaro. Peguei os congestionamentos de praxe e gastei um dinheirão na entrada. A aporrinhação valia a pena: assistir *Cavalleria Rusticana*. A ópera foi composta por Pietro Mascagni, estreou em Roma, em 1890. Um ano depois, teve sua primeira apresentação fora da Itália: no Rio de Janeiro, com regência (você adivinhou) do grande maestro Conti.

Mascagni tinha 26 anos quando a compôs. Nunca mais fez nada que prestasse, apesar de ter escrito outras catorze óperas. Aderiu a Mussolini e foi figurão do fascismo. Morreu em 1945, dias depois da libertação. Os *partigiani* providenciaram-lhe um enterro clandestino.

Eu tinha duas expectativas: ou bem assistiria uma encenação correta, embora com déficits de orquestra e cantores; ou então veria uma montagem inovadora, uma releitura, conforme dizem nos cadernos culturais. A encenação juntou o pior dos dois mundos: técnica sofrível com modernização equivocada.

A orquestra parecia uma soma de partes, e não um conjunto. Até aí, tudo bem. Tudo mal quando os camponeses entraram no palco de preto, branco e cinza. Até o Alfio, o carroceiro, estava de terno listrado e sapato bicolor. E tudo péssimo quando, na cena do Hino à Páscoa, surgiram sinistros encapuzados medievais, de chapéu pontudo, carregando um caixão vazio. O canto ao vinho, esfuziante, parecia estar sendo interpretado pelo coral dos Alcoólatras Anônimos: cheio de culpa e desgosto.

Arrivederci,

Mario

19/10/00

Hi,

o avião para Newark sai às 9h da manhã de domingo. Estou muito, muito tenso.

Elio ontem algo sobre o antológico: FFHH deixou o Alvorada com decoração de consultório de dentista rico.

IL

20/10/00

Ivan,

à tarde viajo com o Lula para o Rio Grande e o Paraná. Quando estiver instalado, me manda um e-mail. Tenho certeza que a tua viagem vai ser boa.

MS

21/10/00

Seu moço,

façamos todos uma boa viagem. Estou deixando um abacaxi com Elizabeth, vou de banho de cuia, estou resfriado e uma depressão violenta. Melhorará. Espero.

IL

22/10/00

Maestro!

não vem com essa para cima de mim, não! Quem disse que eu não gosto de ópera? Logo eu que vivo e respiro música cantada. Já disse antes: o problema é que adoro consoante; acho que faz uma tabelinha genial com vogal.

Quando esta ária chegar aos seus ouvidos, deverei estar, tudo correndo bem, em Nova York. Mais tarde, possivelmente, Washington e Boston também, três cidades onde deverei observar de perto como os 750 mil brasileiros que nelas vivem se deixaram absorver pela cultura em torno reinante — quer dizer, preferem crack ou salsa?

Mi trema un poco il cor.

Ivan

24/10/00

Ivan,

bela boquinha essa que você descolou. Quinze dias de outono em Nova York é bem maneiro. Também eu embarco hoje numa missão eleitoral. Quando você conseguir botar o seu computador portátil para funcionar nos Steites, já terei zarpado rumo ao Sul. Você se deliciará com pastramis, *frankfurters* e *cheesecakes*, e eu traçarei churrascos sangrentos e tomarei chimarrão com bigodudos de bombachas.

Enquanto você estiver olhando desconsolado para o seu computador, eu, de chave inglesa e marreta em punho, terei destruído as instalações elétrico-telefônicas dos hotéis que tiverem a má sorte de hospedar-me. Terei feito as gambiarras necessárias e, qual tubarão, singrarei, célere e predatório, os mares revoltos do oceano internético. Modernidade e bons modos são ótimos, mas na hora H o que resolve são a brutalidade e a mala de ferramentas.

Mario

26/10/00

Mario Sergio,

que redundância minha presença aqui, Senhor! Que mais observar e acrescentar a esta cidade-lenda? Aqui, nesta cidade, onde tudo é maior que a vida, essa minha última sentença serpenteia e corre e se perde como o turista brasileiro em busca de um aparelho de DVD na Br'way... Esse apóstrofo solto aí, fingindo intimidade, eu deveria seguir seu exemplo e resumir, enxugar, objetivar.

Tenho visto televisão aqui do hotel. Um camarada, tal de *batter* (batedor), deu uma tacada de rachar o taco; o *pitcher* (arremessador) jogou um pedaço da tora na direção geral do adversário. Foi admoestado e multado em 50 mil dólares por denegrir o bom nome do esporte. O apanhador nada sofreu em seu campo de centeio.

Give me your tired, your poor. Que eu jogo tudo no East River. Tá?

Ivan

26/10/00

Oi, cara,

num certo ponto, melhoram as coisas. Ontem o dentista estava fechado. A gengiva sensível. Latejando um pouco. Tomei breakfast. Bagel, scrambled eggs, *café, suco de laranja. Mais nada. O dia todo. Zanzei por aí. Lucas Mendes me ligou e fomos tomar um* drink *às 5h30 num bar aqui mesmo na 55. Fui de mineral. Penicilina, né. Simpaticíssimo, o Lucas. Mineirão inteligente, bom de papo, senso de humor. Moral muito baixo. Vou ter de reclamar de uma camisa que a lavanderia não devolveu. Que fazer de meu dia? Cara, como eu viajo mal. Mesmo conectado no laptop e desconectado de dor.*

IL

26/10/00

Lessa,

viajo bem. Mas esta foi fogo. Sete cidades em quatro dias. De gaúchos a nordestinos sem poder parar para pensar. Acordar às 7h, viajar de avião, ônibus, carro, acompanhar três comícios, entrevistar mais de dez pessoas, não almoçar, jantar à meia-noite, péssimas linhas telefônicas, dormir às 3h — e começar tudo de novo no dia seguinte. Para piorar, só ganhei uma página porque o jornal está muito carregado pela eleição.

MS

28/10/00

MS,

estou reconciliado com NY. A cidade tem um buzz. *Eu que desde menino vivi debaixo da cultura popular deles reconheço tudo, me sinto em casa como um garçom do Plataforma. Acho fantástica a solidão deles. Como tem gente querendo conversar comigo no elevador, na saída do cinema, na esquina esperando o sinal abrir. Estou curtindo. Inclusive a ausência da dor: não há nada melhor no mundo.*

IL

29/10/00

Tchê,

você vendo vitrines na Quinta Avenida e eu aqui, na terra de José Lewgoy, Lupicínio Rodrigues, Luis Fernando Verissimo e Mario Quintana. Estive em Caxias do Sul, Canoas, Pelotas e Porto Alegre.

Caxias tem indústria, lojas bacanas, um centro bonito. Região rica, de pequenas fazendas, fábricas, limpeza. Em Pelotas, na periferia, o esgoto é a céu aberto. As ruas são de lama. Não há calçadas nem praças. Às 4h da tarde, havia dezenas e dezenas de homens e mulheres na faixa dos vinte-trinta anos na rua — sinal de desemprego alto.

Os gaúchos se cumprimentam dizendo "buenas". Em vez de perguntarem "como vai?" ou "e aí?", indagam "que tal?". É um "que tal?" pronunciado como se escreve, não o "quitau?" que, nós, paulistas, empregamos. Para demonstrar espanto, e eles se espantam com facilidade, os gaúchos usam o "bá, tchê!". Usam a segunda pessoa do singular com maestria.

Mario Sergio

31/10/00

Eleitor,

que bom que você gostou do Sul. O objetivo de viajar é busca, confere? Você encontrou coisas boas. Que é como deve ser. Eu aqui, de início, andei dando umas cabeçadas. Dor de dente, tratamento de canal, morrer em 1100 dólares num dentista fuleiro da rua 57, noite em claro, dia em escuro. Depois vieram o antibiótico, o analgésico, o sol e eu me reconciliei com a cidade. A ausência de dor é o mais esclarecido guia do mundo.

Quer saber o que eu tenho feito? Andado e sentado. Sou melhor do segundo do que do primeiro exercício. *Nova York: onde sentar* será o título de meu próximo esforço literário. Sentei num banco na entrada da Sexta Avenida para o Central Park. Do lado, a estátua equestre de José Martí. Ao redor, o embriagante cheiro de bosta dos cavalinhos das charretes. Pouquinho ao longe, música vindo do rinque de patinação.

Sentei num banco aqui ao lado do hotel. O *New York Times*

do lado. Na porta do edifício, homens em mangas de camisa, direitinho vendedores de loja de eletrodoméstico, fumando quietos. Ninguém se olhando nos olhos. Feito estivessem — estivéssemos — num covil de ópio do século passado, um beco de crack da semana. Muitas moças fumando na porta do trabalho. Sem bolsa, apenas o cigarrinho nas mãos, lembram mulher de programa.

Senta aqui comigo agora. Na esquina de Sexta de novo. A caminho de volta para o quarto do hotel. Fazendo hora. Eu morro de vergonha de ficar muito tempo no quarto; das russas que fazem a arrumação; do gerente equatoriano. Bem, sentado estava. Uma senhora de minha idade do lado. Baixa classe média. Disse-me qualquer coisa. Não entendi. "*Pardon*?" Ela perguntou de novo se eu queria *have fun*.

Minha nossa, eu passei os primeiros 38 anos de minha vida querendo *have fun*. Eu dava o braço direito para *have fun*. Inclusive acho que dei. Agora, neste crepúsculo de vida, eu quero sobriedade, serenidade, ser deixado em paz, não ter dor de dente, eu quero tudo menos *have fun*. Então agradeci e disse que não. Ela me perguntou de onde eu era. Dei uma resposta canalha. Disse que era do Brasil mas morava em Londres. Como se isso explicasse e justificasse alguma coisa. Ela confessou que outro dia mesmo tinha tido e feito *fun* com uns brasileiros. Que eles são muito *passionate*. Concordei e fui-me embora enfrentar as bósnias (é, acho que são de lá, pensando bem) de meu 13º andar. Aliás, é curioso. No meu tempo, com ou sem *fun*, os americanos passavam direto do 12º para o 14º andar. Povão assustado. Parece que passou.

Não passou é a solidão. Adoram falar com estranhos. Vou fazer pipi num multiplex (sim, sim, só tenho ido ao cinema) e um cavalheiro, mais velho até do que eu, por incrível que pareça, me pergunta se eu gostei do filme. Não queria *have fun* comigo. Queria só papo. Concordei. O filme era péssimo.

Não fui e não vou a museu algum, a exposição alguma. Não quero *have fun* e detesto arte. Como quase todo mundo. Meu ódio vem do medo. O medo de que, pelo fato de não sentir absolutamente nada diante daquilo tudo, eu seja diferente. Eu gosto da discussão, do papo, das palavras arremessadas na direção geral das obras de arte. Arte parece política. Não é nada disso do que dizem.

Está sendo cansativa esta sensação de estar na cidade-centro do mundo e só achar graça na hora em que encontro um banquinho maneiro onde baixar minha ignorância. Em verdade, minh'alma é um veterano desabrigado, meio doente das faculdades mentais, pedindo uma esmolinha pelo amor de Deus. Não quero — espero que tenha ficado claro — é *have fun*.

Yours,

Ivan

31/10/00

RALOIM

(*Crônica de Ivan Lessa na BBC*)

Nova York é uma abóbora. Pelo menos por hoje. A maçã tradicional volta a reocupar seu posto como símbolo e logo titular amanhã. Na verdade, o país inteiro é uma abóbora.

Sabemos. Nós, brasileiros, sabemos. Infelizmente, sabemos. Halloween. Véspera de Todos os Santos. Até poucos anos, era uma comemoração que não fazia o menor sentido para a gente. Finados fazia sentido. Feriadão e uma chegada ao cemitério levando flores.

Mas, como tanta coisa mais, globalizou-se o Dia das Bruxas. Nossas abóboras, até mesmo os jerimuns, em vez de assustarem gringo ao lado da carne-seca, passaram a ser trabalhadas como esculturas primitivas do Nordeste — outras bocarras desdentadas, outros olhões esgazeados — e ganharam vela em seu interior. Vela que deveria estar na sexta-feira na encruzilhada. Importamos o Halloween.

Reclamamos de McComidas, mas achamos muito natural tacar um Dia das Bruxas no 31 de outubro. Que bruxa, gente? Nossas bruxas lá usaram chapéu preto em forma de cone? Nossas bruxas lá saíam por aí voando montadas em vassoura?

Um amigo, triste como um governador não reeleito, jurou-me que já viu, no Brasil, criança fantasiada de bruxa americana batendo em porta de casa de vizinho pedindo doce, bala e confeito em troca de... em troca de não fazer maldade ao vizinho, ora! Não lhe baixar o pau ou mandar bala! É a nossa adaptação do *trick or treat.*

Meu amigo, que gosta, também como eu, dessas coisas, ainda ficou comigo algum tempo tentando erguer os ânimos bolando uma tradução para a tola novidade. "Guloseima ou gozação" foi o mais perto que chegamos de uma solução razoável para um problema irrazoável.

1º/11/00

Meu querido,

liguei para você. A babá atendeu. Disse que vocês foram ao cinema. Entro pois descansado com tua senha, feito Cary Grant em Ladrão de casaca. *Não está pintando solução. Aguardo russos que vêm solucionar. Eu escreveria amanhã à noite a carta do UOL e a da BBC. Na hora em que não te atrapalhar. Também não entraria em hora nenhuma mais do dia, que não preciso. Vou encerrar e tentar passar o meu dia vagabundo de sempre. Não vamos gastar mais dinheiro com telefone que sai uma loucura.*

IL

1º/11/00

Ivan,

o pessoal do UOL tentou te ligar. Caso não consiga resolver a parada, continue usando a minha senha. Não é preciso estabelecer horários. Não há galho algum.

MS

2/11/00

Citizen Lessa,

peço que reconsideres a resposta negativa à moça de vida airada, caso ela proponha novamente *have fun*. Jornalista, tens a obrigação de viver novas experiências, para relatá-las a nós, leitores. Estamos no aguardo: *have fun*.

Depois de Porto Alegre fui a Curitiba e de lá ao Recife. Menos de um dia em cada cidade. Não deu para ver muita coisa. Curitiba não sabe se toma um rumo gaúcho ou paulista. Não sabe direito quem é. Recife sabe: é Brasil. Pobreza, bagunça, Polícia Militar em greve, calor, entusiasmo, brigas, baixarias.

Inté,

MS

3/11/00

Oi,

ontem à noite deu chabu de novo. Frio na barriga, suores, mãos tremendo, bufando. Fica combinado que vou de senha sua até o amargo fim.

Abraço,

IL

3/11/00

Ivan,

a carta chegou bem e boa. Estou fazendo uma matéria sobre o Bosie. Sim, lord Alfred Douglas, o amor que não ousa dizer seu nome. Para o centenário do Wilde. Que sujeito sórdido, Deus meu.

Diogo mandou fotos do Tito. A Lina foi para a praia com a Flávia. Fico eu aqui com esses pederastas decadentes.

Mario Sergio

5/11/00

Yo, man!

viu só como estou aclimatado? De longe, no Central Park, seguindo a babá colombiana, um turista me tomaria por um nova-iorquino típico. Na quinta-feira, fiz minha primeira refeição decente. Gallagher's. Steak House. Rua 52, lado oeste, saindo da B'way. Um de meus três restaurantes favoritos no mundo inteiro. Amo o clima. Só tinha homem e tudo com mais de cinquenta anos (com uma exceção, mas isso já conto*). Algo inacreditável: pode-se fumar. Mais: deve-se fumar. Eu fui de um *New York prime rib*, ainda mugindo, com fritas.

Ouvindo o papo de três caras do lado. No bar, que fica no meio do vasto restaurante (não o chame de churrascaria), uma mocinha estonteantemente bonita. Ninguém olhava em sua direção. Ela se levantou para ir passar pó-de-arroz no nariz. Passou por nós. Um se virou para mim e comentou, debochado, que o sujeito que estava com ela se dizia pai da jovem. Quer dizer: ele, eles, estavam vendo tudo, tudo sem dar pala. Ri cúmplice, sem

* Aguarde um pouco.

dizer nada. Para continuar parecendo um nova-iorquino feito eles, todos três aliás ainda não aderentes da cor acaju nos cabelos. Despedi-me e fui à vida.

A vida? Andar, sentar e fumar. Sabe um negócio que me invoca? Tem aqueles camaradas nos restaurantes (o Gallagher's, por exemplo) que não param de limpar o cinzeiro. Nos bancos das ruas e das praças tem uns caras, mulher também, que limpam os toquinhos de cigarro jogados no chão. Isso me constrange, então eu venho usando um maço de cigarro vazio como cinzeiro. Na rua! Na praça! Tremenda idiotice.

As barraquinhas com comilanças e bebelanças. Vou descansado nelas. Perturba-me apenas o cheiro do pretzel. Passando, sinto como se fosse prova viva de que não estamos sós no universo. Há algo de alienígena no olor caloroso do pretzel na rua. Estamos sendo invadidos.

Have a nice day.

IL

7/11/00

Dear Ivan,

ao sair dos seus dois anos de cadeia, Oscar Wilde publicou um poema longo: *The ballad of Reading Gaol*. É o que tem o verso "*all men kill the thing they love*". O poema teve sucesso imediato. Em 1936, W. B. Yeats editou a antologia *The Oxford book of modern verse*. Colocou nela a *Balada* do conterrâneo. Mas cortou 71 estrofes. Atenção: 71 estrofes de seis versos cada. Yeats justificou-se escrevendo que eliminara o que havia no poema de "artificial, trivial, arbitrário". Disse também que, se vivo, Wilde teria feito os mesmos cortes. A versão do Yeats foi a que ficou. Até nas obras completas do Wilde.

Moral da história: corte nunca é demais.

Yours,

Mario

8/11/00

Hi,

ainda aqui no quarto. O manager, simpaticíssimo, me deu até 2h da tarde. Duas e 45 táxi para Newark. Consertei a crônica da BBC. Uma merda, claro. Quase meio-dia aqui. Torce por mim que eu torço por ti. Ô vida aflita, meu Deus!

Ivan

9/11/00

Oi!

notas escritas no livrinho roubado do hotel, em alguns maços de cigarro e num caderno azul que comprei em Londres:

- Boas notícias: *Cats* vive suas últimas semanas e *Miss Saigon* sai de cartaz em dezembro.
- "*Where are you from?*", me perguntam cavalheiros de meia-idade na mesa ou do banco ao lado na praça ou parque. Eu não sei o que dizer. De onde sou, afinal?
- Uma preta, digo, uma africano-americana, diante de uma vitrina me fez "pssst!". Pensei que era convite para *have fun*. Não. Queria mostrar para mim um ratinho, lindo de morrer, mínimo, roendo uma abóbora de cera. Ela riu alto, como deveriam rir as pessoas num filme do Spike Lee.
- Vi minha segunda celebridade: Jon Voight, andando célere no Central Park.

- Os americanos são menos chatos em casa, menos barulhentos. Limpíssimos. Cheiram bem no elevador. Vai ver é meu hotel.
- Comi, num *brunch*, o segundo melhor *hamburger* (e não hambúrguer) de minha vida: Metropolitan Café, Primeira Avenida com 52.
- Não consigo ver direito meu arranha-céu favorito: o Chrysler. Aquele de topo asteca.
- Entro num edifício com ar de intimidade, como quem lá tem negócios. Subo num elevador, desço no outro. Amo perdidamente as entradas dos velhos edifícios.
- Entrei no Brill Building, Broadway, quase esquina de 49. Onde ficavam, até os anos 50 (acho), os editores musicais. Todos aqueles filmes que você viu, com camarada no piano se interessando pela partitura do jovem compositor? Era lá. Você põe a mão em qualquer parede e sente a vibração de um tom maior de Gershwin, um menor de Irving Berlin.
- As moedas que não mudaram nada. Quase sessenta anos. As mãos se lembram. Da textura, do peso. O *dime* era um gibi. O *quarter*, cinema. Ou milk-shake. *E Pluribus Unum*. De Muitos, Um. Gozado. Noventa e nove por cento dos americanos não sabem. Parece Virgílio, uma coisa assim, né? Não, não. Vem de um livro de receitas em latim. Era da receita de uma salada.
- Desisti da televisão. Deixei baixinho o rádio. Não há mais a estação que, há dez anos, tocava meu tipo de música, meus cantores. A WNEW, 102.2 em seu dial. Lá, nos anos 30 e 40, nasceu o Martin Block's Make Believe Ballroom. Disc jockey. Ele tocava os discos e fazia um fuzuê dos dia-

bos, como se houvesse uma tremenda festa. Pois é. A *Discoteca do Chacrinha* começou assim no rádio. Nós não inventamos nada. Ou muito pouco. Nem a solidão. A solidão quem inventou foi Paul Auster (que fim levou?) embora pareça coisa do Borges.

Eu tenho que me mandar. Eu tenho que ir embora. O homem que parte. Acho que era o nome de uma peça do Raimundo Magalhães Jr.

Seu,

Ivan Lessa

10/11/00

Juventude!

realmente uma delícia estar escrevendo do vasto teclado da BBC, onde meus dedos deslizam como dois patinadores no Central Park. Vou sentir uma dor pungente de Nova York. Tudo somado, as aflições que o tempo subtrai, ficará duma impressão gostosíssima. Sabia disso mesmo na hora em que vivia a chatice de andar e andar. Entendo bem esse negócio da — impossível evitar a palavra — saudade que virá. Os momentos mais chatos inclusive (dor não vale) são os que mais ficam. Reporto-me a 51-52, mesmo território. Deve ser algo assim feito o André com o tempo dele em Londres. Fica para o resto da vida, com cheiro, gosto, cor. Gozado. Eu tenho pouco resto de vida, mas sei direitinho como vai ficar.

IL

12/11/00

Rái, bói

um amigo andou bisbilhotando nossa *Correspondência* (e

por isso vou logo entregando o nome: Cheech, também conhecido por Hferr) e desentranhou uns versos do meio de suas anotações sobre Nova York. Gostei da brincadeira e fui à carta para ver se tinha mais poemas. Tinha. Fiz uma antologia:

UMA PRETA

Digo, uma africano-americana
diante de uma vitrina
me fez pssst!
Pensei que era convite para *have fun*.
Não.
Queria mostrar para mim
um ratinho
lindo de morrer
mínimo
roendo uma abóbora de cera.
Ela riu alto
como deveriam rir as pessoas
num filme do Spike Lee.

CRISE DE IDENTIDADE

Where are you from?
me perguntam cavalheiros
de meia-idade
do banco ao lado
na praça ou parque.
Eu não sei o que dizer.
De onde sou, afinal?

YANKEES, GO HOME

Os americanos são menos chatos em casa.

Menos barulhentos.
Limpíssimos,
cheiram bem no elevador.

NÓS NÃO INVENTAMOS NADA

Nem a *Discoteca do Chacrinha.*
Nem a solidão.

A PRESSA É INIMIGA DA BOA LITERATURA

Eu tenho que me mandar.
Eu tenho que ir embora.
O homem que parte.
Acho que era o nome de uma peça do Raimundo Magalhães Jr.

MS

13/11/00
Poeta,

ainda não acostumei com a Lina no sábado. Antes, passava o dia lendo, ia ao cinema a pé com a Flávia, flanávamos. Agora, precisamos nos acomodar às exigências e horários dela. Um lê, o outro fica com ela. Fui no cinema e a Flavia ficou com ela. Na saída, me entregou a sorridente Lina e entrou no cinema.

Ao fazer os poemas nova-iorquinos, fica evidente a sua ligação física com o passado e o presente. Táctil, sonora, visual, olfativa. É uma atenção às coisas concretas, à vida real, que não tem nada de intelectual. Parecido, mas diferente do que a Elsie fazia.

Bom domingo

MS

14/11/00

Empédocles!

sim! Tu e Cheech Hferr estão certos! Sou poeta, poeta sou! Meus pés podem estar na sarjeta, mas minh'alma sapateia nos astros! Diáfano e obscuro, atravesso continentes com minha lira, minha toga bege bordada de ouro, minhas sandálias de sete éguas. Trago nas mãos o bedel sutil das gôngoras d'antanho e meu canto é azagaia pura devassando a dessuetude patibular dos ratos. Sou poeta, poeta sou! Flagraram-me os dois atirando-me os pomos hesperedais com que Páris, um dia, abateu Helena e sobrepujou Menelau. Resignado, réu confesso, admito tudo. Mais longe vou, por poeta ser, ser poeta! Agora, segurai aí, meus irmãos, hipocráticos leitores meus! Foram inflamar-me a musa? Pois agora, chamuscada e brusca, ei-la em toda a sua amplitude, conforme versos que dilacerei — da carne, da gaveta — para saciar vossa sede de prazer e oblitude.

MEZZA STATE

Ardo de frio ou de amor?
Estes laços singulares em mim cravados —
São blasfêmias lúgubres ou juramentos ervados?
Em vão, debato e grito:
Estarei vivo ou morto?
Prantos convulsos,
Algemas nos pulsos —
O prisioneiro marcha sobre espumas.

MOMENTO SINGULAR

Não! Sim! Fastígio falaz a fluir
E ir e vir, e livrar e guardar.
Que doçura encerra o momento desta flor?

Tu! Eu! Nós!
Mas também a corda que desperta, lenta, o sono.
Passou... E que — quem? — não passa?
Sou mundo e mudo. Ouviste?

Tão vendo? Tão vendo? Foram me dar corda? Agora, guenta! A gente faz isso com as pessoas, elas vão, acreditam e, pronto, que enrascada, meu Deus! Se você me mandar um livro de poesias, eu mando de volta minhas obras completas! Mais: encho, taco gongorismos e parnasianismos nos endereços eletrônicos de você e do Hferr até sair pelo ladrão. Maldita tarde inchada de sóis! Mas eis que lá vou eu de novo... Deixemo-nos disso.

Cuidado com a musa dos outros!

Ivan

14/11/00

MS,

ri sozinho feito um idiota de meus versos. Acho que vou mandar mais toda semana.

IL

15/11/00

Ivan,

vou fazer a carta mais tarde. Não sei o que escrever.

15/11/00

MS,

escreve sobre a poesia, sempre a poesia, a sublime poesia. Es-

tou a arder e minhas próximas duas cartas serão pequenos poemas sofridos feito os que mandei e que tanta repercussão vêm obtendo junto aos leitores.

IL

15/11/00

Ivan,

Hferr está achando graça em sair, clandestinamente, na Correspondência. *Disse que fica com vergonha de te mandar e-mails porque te considera "profundo". Obtemperei que ele estava louco. Ivan Lessa é raso como um pires, disse eu. Não, é fundo como um poço de petróleo no mar do Norte, retrucou.*

MS

16/11/00

Vate Lessa!

ouvi o borbulhar do gênio. Que versos profundos como poços de petróleo no mar do Norte! Que metros desmetrificados! Que rimas que não rimam! Meu preferido é "Momento singular", um poema de ocasião: no momento de dúvida ou perigo público, o poeta toma da lira, dedilha-a para ver se está afinada, e compõe versos que iluminam a confusão popular. Está na cara que foi influenciado pelo "The convergence of the twain", que Thomas Hardy escreveu duas semanas depois do naufrágio do *Titanic*, em abril de 1912. "A convergência do par" é uma tradução possível do título. Sendo o par formado pelo iceberg (*Shape of Ice*, Forma de Gelo) e pelo *Titanic* (*Imanent Will*, Vontade Imanente). No poema, Hardy provoca o choque entre tecnologia e natureza, homem e mulher, riqueza e pobreza. Ninguém lembrou dele quando passou *Titanic*: nem o diretor, nem os críticos, nem os jornalistas, nem os acadêmicos, nem os intelectuais.

Um desafio: vamos ver quem traduz melhor a quarta das onze estrofes do "The convergence of the twain". Começo eu:

Jewels in joy designed
To ravish the sensuous mind
Lie lightless, all their sparkles bleared
And black and blind.

Joias polidas em júbilo
Para acender a mente sensível
Jazem turvas, suas fundas chispas cegas
Ofuscadas e foscas.

Mario Sergio

16/11/00

Eóleo,

Hferr denota tirocínio. Sou profundo mesmo e a cada dia me aprofundo mais. Meu problema é não esbarrar nas linhas do metrô de Londres. Minha vontade seria continuar a empunhar, enfezado, a lira, mas... os leitores!

Ivan

19/11/00

Mario Sergio!

por que você fez isso comigo, meu irmão? Tanto mexeu, tanto escavacou, que ela foi embora! Minha musa me abandonou! Não é a primeira vez que ela faz isso, é verdade. Mas estamos, os dois, Ismênia (esse seu nome; não ria*) e eu, a envelhecer juntos. Ela se foi, eu também me fui (tive um caso com uma dama de vestido amarelo. Mas isso é outro poema. Boca não diga palavra). Ela voltou, eu também voltei. Errei; erramos, sim.

Pedes-me uma tradução para a quarta das onze estrofes do "The convergence of the twain", do Thomas Hardy. O poema, como qualquer pessoa razoavelmente erudita sabe, é sobre uma visita a esta ilha feita pelo escritor americano Mark Twain em fins do século passado. Hardy, à época um judas obscuro, funcionário menor do museu Britânico, escreveu o referido poema na crença errônea (era, além do mais, ignorante) de que o notável e assaz citado humorista era judeu e negro. Cito de novo o trecho em questão do poema:

> Jewels in joy designed
> To ravish the sensuous mind
> Lie lightless, all their sparkles bleared
> And black and blind.

Vediamo: a primeira linha, ao pé da letra, quer dizer que "os judeus desenham joias". Talvez haja aí uma referência desabonadora não só a Twain como ao dreyfusismo que comia solto no continente aqui do lado.

Na segunda linha, ele vai direto ao visitante americano e afirma que ele tem um rabicho sensual (os racistas sempre enxergaram excesso de libido entre nossos irmãos semitas) em mente.

Na terceira linha, chama o homem de mentiroso, insinua-o parado com o charuto apagado na mão e que só falta ao poeta vomitar (bleeaaaarred!) diante da repugnante cena.

* No teatro de Sófocles, Ismênia era filha de Édipo, irmã de Antígona, de Policene e de Etéocles, e noiva de Hemon, o filho de Creonte, casado com Eurídice.

No quarto verso, a difamação: Twain, além de preto, era cego.

Que mais lhe dizer, então, amigo, que seja ao menos levemente parecido com o bálsamo da poesia com que me inundaste? Bálsamo inunda? A mim, inunda. Mas... Ó! Será possível? Não é que ouço passos subindo as escadas! Ismênia! Ismênia! É você, Ismênia? Entre, bem! Você sabe que a casa é sua!

Ciao, Mario Sergio. Estou ocupado agora.

Ivan

19/11/00

Hi,

lá estava, na primeira página, chamada para tua última carta. Quer dizer, não entrou a minha. Sorry *aporrinhar, mas sempre lembro da força feita para não perder deadlines, com ou sem tratamento de canais.*

IL

19/11/00

Ivan,

mandei e-mail perguntando o que houve.

20/11/00

Ô rapaz,

não abri mais o raio do aparelho. Envenenou meu domingo. Hoje, vejo que Ismênia está lá. Tudo bem.

Ivan

21/11/00

Preclaro Ivan,

não aguento mais ouvir falar de poesia. Sobretudo das suas poesias. Mudo o papo para um tema definitivamente másculo: balé.

Botei paletó e gravata e fui ao balé. De táxi, pois o tempo urgia. Na rua Xavier de Toledo, entre a Biblioteca Mário de Andrade e a ladeira da Memória, o trânsito encaralhou de vez. Disse ao chofer que iria o resto do caminho a pé. Ele me olhou como se tivesse dito que iria me atirar da amurada da ladeira da Memória. Vaticinou que não chegaria vivo ao teatro. Fiz ouvidos de mercador e desci do carro, depois de pagar-lhe o preço da corrida. Gritei: "Olha o rapa!" e, qual o mar Negro ante o cajado de Moisés em *Exodus*, o oceano humano se abriu e passei, célere, antes que se fechasse novamente. Sentamos na quinta fileira. O espetáculo era *A rota da seda*. Achei-o deslumbrante. Não existe nada mais lindo do que corpos femininos em movimento. E que corpos.

Mario Sergio

21/11/00

Rapaz,

você escreveu "encaralhou" lá. Você não sabe em que está se metendo. Me falou aos piores instintos (vou desembucetar-me todo em cima de ti). Diogo apareceu hoje. Nice, *numa boa. Seja devido ao Tito ou não, tenho gostado das últimas colunas dele.*

IL

23/11/00

Mario Sergio,

balé! Por que você foi falar nisso, meu filho? É uma das grandes mágoas de minha vida não ter ido mais ao balé do que fui. Quem sabe? E se eu tivesse aprendido balé? Oportunidade não faltou. Explico.

Por volta dos anos 40, quando eu ainda não tinha idade suficiente para fazer valer a minha vontade, era obrigado, digamos assim, por meus pais, a frequentar atividades culturais. Estavam certos de que isso só faria bem à minha vida interior e, quiçá, minha vida material também. Ao contrário de seus pais, eles não me proibiam o que chamávamos então de "gibis", ou seja, história em quadrinhos.

Você, Mario Sergio, teve sorte de encontrar ainda menino, em casa, o pulso forte do pai e da mãe impedindo-o de se perder em histórias em quadrinhos, musicais da Metro e em *Os dez mandamentos*, do DeMille, com o Charlton Heston. Filme que, aliás, você jocosamente chama de *Exodus* e, além do mais, bota Moisés de cajado abrindo em dois o... mar Negro! Quem abriu o mar Negro foi Castro Alves e de lira, Mario Sergio! Moisés tacou ficha foi no Vermelho, ô cara!

Mas vamos ao balé. Eu fui, antes de você nascer, ao balé da Companhia de Jesus. Ficava na praia Vermelha, no Rio. Era dirigido por jesuítas e não posso jurar se os dançarinos eram igualmente afiliados à simpática organização. Sei que eu gostava. Eram homens e mulheres de baixa estatura e eu ficava vendo aquilo tudo imaginando como seria muito mais divertido se estivessem todos pelados. Ah, a imaginação dos jovens, Mario Sergio! O que não deixava nada à imaginação era a "mala" dos bailarinos. Você sabe o que quer dizer "mala" no linguajar popular, não sabe, companheiro? É o volume que o bichão faz nas calças do cara. Parece que é — ou era — gíria muito popular entre os perobos. Na praia Vermelha, era cada troncha que eu vou te contar, menino!

Só mais tarde é que vim a descobrir o segredo. Lendo a biografia *Papa Hemingway*, do A. E. Hotchner, o autor conta como um dia, na Espanha, ele, Hotchner, após muitos "fundadores", resolveu tourear para valer. Vestiu-se todo da maneira adequada e, finda a trabalheira, ficou muito surpreendido ao constatar uma total ausência de virilidade, de "mala" (lembra?), no devido local. Hemingway sorriu e disse: "Dominguín usava dois lenços".

Aí está, pois: lenços! Os bailarinos jesuítas por certo usavam lenços! Talvez xales! Lençóis Santista! Que sei eu? Continuo parado na Ladeira da Memória tomando meu refresco de groselha.

Tallahassee to you too,

Ivan

26/11/00

Ilustre confrade,

estou um bagaço. Fiquei na gandaia até 4h da manhã. Tomei vinho e champanhe de boa qualidade. A quantidade é que foi estúpida. Tonéis. Um amigo me deu carona no fim da noitada. Acabou entrando para terminarmos a conversa. Ligamos para Veneza e acordamos o Tito. Como falávamos alto, acordamos também a Lina, que, por sinal, caiu do berço pouco antes de eu sair para a boemia. Pois é: eu bebo e ela cai da cama.

Cabeça latejando, levantei e me arrastei até a piscina. Com o 10 de dezembro se aproximando, não dá para faltar nenhum dia. Dez de dezembro, como todo Brasil sabe, mas a Inglaterra ignora, haverá a Travessia da Lagoa da Conceição, em Florianópolis.* São dois quilômetros. A Equipe Conti estará presente. Será integrada pelos meus irmãos, que você não conhece, o André, que você conhece, e esse seu humilde servo. Estamos inscritos na categoria Elite. Não porque nos equiparemos ao Homem Submarino. Na Elite a gente concorre a prêmios em dinheiro. O primeiro colocado ganha 1500 reais. Voltaremos ricos.

Meus irmãos treinam lá perto de onde moram, no Paraíso. O André e eu vamos aqui nas Perdizes. Nadamos uma hora por dia. Estamos fazendo 2,4 quilômetros. O objetivo é chegarmos a três quilômetros na véspera da prova. O grande problema será a temperatura. Nadamos em piscina aquecida. Na travessia, é proibido usar roupa de neoprene. Só pode calção, touca, óculos e tampão de ouvido. A vantagem em relação à piscina é que a água da lagoa da Conceição é salobra, facilitando a flutuação. As desvantagens são muitas, além da água fria: ondas, vento, acotovelamento de nadadores, a necessidade de olhar o ponto de chegada para não desviar a rota.

Seu,

MS

28/11/00

Mario Sergio,

você bebeu. Acordou filha sua, em São Paulo, e filho dos outros, em Veneza. Sua filha caiu da cama. O de Veneza, rezemos para que não tenha ido parar num canal. A carraspana primordial, você insiste em repartir com entes queridos.

* Não confundir com a Travessia da Praia Vermelha, vencida naquele ano por Moisés Cajado.

Seu *sponsor* (é patrocinador?) nos AA compreenderá e aconselhará. Afinal, você já conseguiu ficar — quanto foi mesmo? — três anos sem provar do demônio da bebida. Você ainda é jovem, tem (quase) a vida toda pela frente, não desespere. Quem tem força de vontade para superar o que você já superou, pode — mesmo envergonhado, cabisbaixo e por todos vilipendiado — se recuperar diante dos entes queridos e da sociedade.

Não se envergonhe. Todo mundo já teve vontade de ficar nadando com os filhos e os irmãos no ventre materno até ganhar os 1500 reais necessários para poder comprar um revólver e matar o pai. O importante é ter em mente que você não está sozinho. Você mesmo disse: "acotovelamento". Lembre-se disso na próxima vez em que se sentir tentado pelo álcool maldito.

Você estava certo. Entende muito pouco de história em quadrinhos. Não é Homem Submarino. É Príncipe Submarino. Namor, o Príncipe Submarino. Seu embate titânico contra o Tocha Humana até hoje é lembrado e discutido por aqueles, como eu, com mais de sessenta anos de idade.

Um abraço cheio de sorte (treze dá sorte), na lagoa, do

Ivan

30/11/00

Camarada Lessa,

não é porque você vive numa monarquia decadente que pode vir com esses rapapés aristocráticos pra cima de mim, negão. Aqui é uma república. Tem nada de "Príncipe", não. Aqui ele é o Homem Submarino e olhe lá.

Conforme Freud ensina, vide o capítulo VII de *Der Wahn und die Träume*, parar de ler quadrinhos na infância, no máximo até os doze anos, é etapa necessária para a superação do complexo de Édipo. Cara que continua nesta pela vida afora desenvolve uma personalidade mórbida: tem dificuldade de concentração, é incapaz de desenvolver o raciocínio abstrato, acredita em Pato Donald, Mula-sem-Cabeça, Super-Homem, Saci-Pererê. O esquizofrênico HQ vive nesse delírio mesmo quando, avançado nos anos, as barbas brancas se lhe emolduram o semblante fatigado. É uma fuga da realidade. Uma fuga do trabalho. Vagabundagem, dizia Freud, prescrevendo palmatória três vezes ao dia e, se o tratamento falhasse, processo e condenação por vadiagem.

Camarada Conti

30/11/00

Ivão,

estou indo para o Rio. Tem festa hoje para o Boni, que faz 65 anos. Amanhã tem outra, para mil pessoas, do professor Benjó, na qual o João prometeu cantar. O professor é advogado dele. E no domingo tem o aniversário do Roberto Marinho.

MS

3/12/00

Mario Sergio,

esperando o bonde, Sigmund Freud contou, mais uma vez, com as pontas dos dedos, as três moedas no bolso direito do paletó. A seu lado, o menino, vestido de marinheiro, acompanhado da senhora, bem mais velha, continuava a olhá-lo fixo nos olhos. Freud, com a mão esquerda, desabotoou o botão do meio do paletó sacando do bolso direito do colete o relógio de ouro. Conferiu a hora: 4h25. Ao colocar de novo o relógio no bolso do colete, Freud notou que, do fruteiro em frente à parada, uma laranja se desprendera da caixa onde estava exposta junto a dezenas de outras e, agora, rolava na calçada em direção ao grupo de três que esperava o bonde.

Freud deu dois passos em direção à laranja — que, por sua vez, rolara o equivalente a outros tantos passos —, e se abaixou, preparando-se para apanhá-la. Nesse preciso momento, três coisas aconteceram:

Freud soltou um pequeno traque; despregou-se e caiu no chão, ao lado da laranja, um botão de seu colete; uma ligeira tontura turvou, por uma fração de segundo, sua vista. Rápido, Freud apanhou a laranja, junto com o botão do colete, recompondo-se como pôde. O menino, vestido de marinheiro, abriu ainda mais o sorriso. Freud notou quando a senhora que o acompanhava, sem olhar em sua direção, sacudiu-o de leve como se chamando a atenção para a falta de modos.

Nesse preciso instante, 4h27 da tarde, o bonde parou em frente aos três. Freud procurou esconder o nervosismo, levantou o chapéu e indicou para a senhora e o menino que subissem primeiro. Ao levantar o chapéu, teve que deixar, no bolso direito do paletó, o botão que se despregara do colete juntamente com as três moedas. Junto, foi também a laranja, que, sem saber direito como, Freud acabara levando consigo.

Freud procurou sentar-se atrás da senhora e do menino. O menino estava virado para trás olhando e sorrindo para ele. "Deve ter uns cinco ou seis anos", pensou Freud, levando a mão ao bolso direito do paletó. Recuou como se tivesse levado um choque ao dar com um objeto estranho onde deveriam estar apenas as três moedas e, agora, o botão do colete. O objeto estranho era, claro, a laranja. "Roubei uma laranja", pensou Freud, enquanto acariciava a fruta com a mão.

Freud, com a ponta amarelada de fumo dos dedos indicador e médio, arranhou a laranja, levando-os, depois, com discrição, ao nariz, quando então aspirou o mais profundo que pôde. O cheiro era o cítrico esperado, um aroma forte que o transportava à mesa de jantar, em hora da sobremesa, porém com uma forte tonalidade de tabaco e algo mais que ele não sabia precisar. Freud, ainda com os dois dedos próximos à narina, notou então que havia algo de errado com a roupa do menino. Os meninos que se vestem, ou pelos pais são vestidos, de marinheiro, têm a roupa branca com debruns azuis. O menino que lhe sorria incansável vestia um uniforme azul com debruns brancos.

Freud tirou do bolso as três moedas. Nas três, abertas sobre sua mão, batia a faixa de sol que, àquela altura, no lugar onde ele se encontrava sentado, seria contínua por mais alguns minutos. Freud procurou captar o reflexo solar nas moedas. Primeiro, a projeção se fez no teto do bonde. Em poucos segundos, porém, Freud dominou sua direção, jogando o feixe de luz de encontro aos olhos do menino, que nele continuavam pregados, sorrindo. Atingido na vista, o menino afastou o rosto, fechou os olhos e puxou a manga do vestido da senhora que o acompanhava, murmurando algo que Freud não conseguiu entender. A senhora voltou-se e olhou feio em sua direção. Freud fixou toda a sua atenção na frente do vagão, como se o motorneiro, mesmo de costas, estivesse pronunciando uma fascinante conferência.

Às 4h40 da tarde, com o dedo indicador da mão esquerda acariciando a casa (vazia de botão) do colete, Freud mordeu a fruta sujando de polpa de laranja aquela parte do bigode, bem abaixo das fossas nasais — a parte de cabelos brancos de tempo e amarelos de fumo. Na parada seguinte, às 4h48, o menino e sua guardiã saltaram sem olhar para trás. Freud continuou chupando a laranja.

Atenciosamente,

Ivan

4/12/00

Moreno,

consegui voltar. Não aguento mais festa. Ontem, na do RM, sentei do lado dum sujeito que disse que tínhamos amigos em comum: o Elio, o Delfim, o Walter e você. Percebi que ele realmente te conhecia porque te chamava de Ivanzinho e disse que uma vez você cheirou um carro inteiro: Serginho.

MS

5/12/00

Ivan Barthelme,

não faça suspense. Algum policial percebeu que Freud furtou a laranja? Seguiu-o no bonde? Levou-o à delegacia? Outra coisa: como ele fez para descascar a laranja? Com a mão, é impossível parti-la sem fazer uma sujeira enorme. Ele tinha um canivete escondido?

Freud não saía à tarde. Era de tarde que atendia pacientes. Ele dava uma volta, mas sempre a pé, depois do jantar. Às vezes, se pegava caminhando em direção à zona de prostituição de Viena. Para ele, era prova que o inconsciente existia. Por que estaria tomando o bonde às 16h30? Alguma transgressão? Enganava Martha? Teve um filho com a cunhada? Noutra hora você fala que o Freud estava suando. Fazia calor, portanto? Então por que Freud estava de colete?

Enquanto você pensa, conto que fui ao Rio. A intenção, mais uma vez, era combinar natação, trabalho e boemia. Choveu tanto que não deu para nadar. Vou atravessar a lagoa da Conceição sem ter nadado em água fria durante o treinamento. Sem natação, sobraram-me trabalho e boemia. Fui a três festas. Não se preocupe, bebi moderada e civilizadamente.

Com chuva e tudo, o Rio estava ótimo. Fui à Lagoa. Fui à Gávea. Ao Rio Comprido. A Ipanema. Ao Cosme Velho. A Copacabana. Há menos luzinhas e enfeites de Natal que em São Paulo. Há menos trânsito. Há mais mulheres bonitas. Há amizades intermitentes, mas fortes. Há a lembrança de músicas. Ela é carioca. Ela menina que vem e que passa. Da janela, vejo o Corcovado.

Até,

MS

5/12/00

Fala, Doroti!

você gosta mesmo de uma festa, hem, menina? Deslumbrada! Emergente das Perdizes!

Serginho. Sim. Anos 50, boate, Paris em 69, até ele ficar milionário. Fazia seção "Periscópio" no Diário de Notícias. *Foi colega (é da mesma idade) do Francis no Santo Inácio. Boa gente, Serginho. Estás sentando bem, Doroti, estás sentando bem!*

Descansa um pouco, Doroti. Lembre-se da lição de O Mágico de Oz: *"There is no place like home".*

IL

6/12/00

Ivan,

vê se concorda com as seguintes mudanças: trocar Bruxo de Veneza *por* Bruxo de Viena; *trocar* psicoanálise *por* psicanálise; *trocar* sem lé nem cré *por* sem lé com cré, *que é o jeito que eu conheço mas não sei se é o certo.*

Seu,

Revisor

6/12/00

Oi,

pesquei lá a matéria sobre as três festas. Tá bão. Mió a do Juão. Qui tem presente-surpresa e você quase, quase, quase vai e diz o que tinha vontade de dizer: que ali havia festa. Viu como é chato se dar com muita gente? Não pode tacar veneno nas matérias. Mas também, pensando bem, se você tacasse veneno, ou coisa parecida, não tinha mais convite para festa, acabava matéria. Como é que fica então?

IL

7/12/00

Mario,

eu me limitava a relatar um episódio prosaico do cotidiano do Bruxo de Viena em sua fase *jaune*. Havia um bonde, três moedas, uma laranja, um menino vestido de marinheiro. Era uma ficção-armadilha. Só modulação, nenhuma trama ou narrativa. Nem sequer aspirava à condição de conto. No entanto, constituía um campo minado. Mudasse o nome de Freud para Josias da Silva e seria ainda mais desinteressante. Mas Freud leva um zé-mané a ver coisas. Se eu tivesse usado uma banana e não uma laranja, você pode imaginar o ridículo que me cobriria, a vergonha. Imagina se eu boto (no bom sentido) Freud chupando a laranja em cena, na frente de todo mundo!

Sigmund Freud, Mario Sergio, era formado em medicina e a unha de seu polegar era uma verdadeira faca, como a usavam, em meu tempo, certos cobradores de ônibus, para tirar cera do ouvido. Portanto, nada mais fácil do que abrir e descascar, mesmo no bolso, uma laranja. O homem sozinho inventou a psicanálise e, além do mais, com uma mão só, "seu" doutorzinho! Freud saía à tarde, sim! Todo sábado! Meu conto se passa na tarde de sábado. Freud suava porque estava tenso e nervoso. Até os esquimós suam, Mario Sergio, quando diante de um brasileiro sem modos ou uma foca mal-encarada. E, naqueles tempos do Onça, os coletes eram usados nas quatro estações do ano.

Você está me enchendo o saco!

A infância é uma invenção do demônio e nós deveríamos começar a bater perna nos caminhos deste mundo só lá pela adolescência. Mas não quero impor nem a você, nem a nossos leitores, ou muito menos nossos superiores hierárquicos, minhas teorias sem pé nem cabeça, sem lé nem cré, como — quero crer — se dizia no tempo de Freud.

Abaixo o cavalinho de pau de Sigmund Freud! Joguemos na lareira os soldadinhos de chumbo de Sigmund Freud! Afoguemos no rio as bonecas com que Sigmund Freud, escondido dos pais, costuma brincar! Quebremos a pequena espingarda de madeira de Sigmund Freud, deixando-o desarmado diante da sanha de seus inimigos! Piquemos em mil pedaços os desenhos que Sigmund Freud fez com os lápis de cor importados da Suíça: lá se vão os palhaços, a casinha com duas chaminés expelindo fumaça, cercada de uma vaca e uma cabra! Adeus à bola vermelha no quintal, adeus ao cão do vizinho que adora pular o muro, adeus aos pequenos túmulos cavados no jardim onde enterravas — soturno Sigmund! — os pequenos animais domésticos que conseguias estrangular: é adeus ao rato, é adeus ao gato, é adeus ao coelhinho!

Mas não foi isso que escrevi, Mario Sergio. Nem era isso que eu queria escrever. Sou um escravo de minhas obsessões. Ou não.

Ivan

7/12/00

Olá!

só hoje de manhã dei com vossas — chamemos de copidescagem, pra não ficar tão feio assim pra mim. O Viena/Veneza é incrível. Quantas vezes eu lesse, quantas vezes eu li, não daria com a coisa. O "sem lé nem cré" é gozado. Eu misturei várias coisas. Sem eira nem beira, sem lei nem rei, e meu ouvido — culpemos a pressa, todo mundo, tudo, menos minha ignorância — veio com "sem lé nem cré". Fui checar. Na verdade, é "lé com lé, cré com cré", e a origem é ótima: "leigo com leigo, clérigo com clérigo".

Merci,

IL

10/12/00

Lessinha,

quando você estiver lendo essa missiva, estarei no meio da lagoa da Conceição. O tiro de largada da travessia é às 9h da matina, horário em que você termina o lauto café da manhã e, cachimbo nos lábios, se ergue em direção ao escritório para, no seu resplandecente *robe de chambre* vermelho, checar a correspondência internáutica.

Já posso até me imaginar. Subindo no pódio. Enrolado na bandeira paulista das treze listas, dedicando a vitória para minha mãe. Cantando o Hino Nacional. Dando entrevistas para a imprensa falada, escrita e televisada. O desembarque no aeroporto de Congonhas, repleto de faixas me saudando. O tapete vermelho desenrolado a meus pés. Moças bonitas me disputando o autógrafo. O desfile em carro de bombeiros. O prefeito dando-me um fusca de presente.

Mais. A candidatura vitoriosa a presidente da ONU. O Nobel

de Literatura, aquinhoado a nós dois pela obra missivista em tabelinha. A compra do Paraguai, transformado em minha fazenda particular. O florescer de um idioma, o portunhol. A intervenção americana, no governo de George Bush IV. A vitória do Império Paraguaio-Brasileiro, sob a minha liderança despótica e desiluminada, sobre os Estados Unidos.

A chuva de mísseis disparada contra a Rússia. A vitória do Império Paraguaio-Brasileiro-Norte-Americano sobre a Federação Russa. As Américas, a Ásia e a Europa a meus pés. A fama. A glória. O poder.

Hoje a Conceição, amanhã o mundo!*

Mario

12/12/00

Sergio,

em homenagem aos bravos Conti, passei uma manhã bem brasileira. Depois de orar por vocês, botei na vitrola (só os pobres de espírito têm sistema de som) as primeiras faixas dos primeiros dos catorze CDs da caixa *Noël pela primeira vez*. Trata-se de idealização, pesquisa e recuperação sonora de Omar Jubran, que conseguiu botar no digital todo o Noël Rosa (com trema!), nos seis anos e pouco em que honrou o Rio, o Brasil e o mundo fazendo músicas, letras, tocando violão, cantando, ou simplesmente saindo por aí. São 229 fonogramas. E o moço morreu com 27 anos.

Quero esclarecer um velhíssimo problema. Seguinte: "Cor de cinza", samba de 1933, gravação de Aracy de Almeida. Eu vou tacar a letra toda porque ela merece e eu preciso de auxílio. Olhaí:

* As previsões não se confirmaram.

Com seu aparecimento
Todo o céu ficou cinzento
E são Pedro zangado.
Depois, um carro de praça
Partiu e fez fumaça
Com destino ignorado.

Não durou muito a chuva
E eu achei uma luva
Depois que ela desceu.
A luva é um documento
Com que provo o esquecimento
Daquela que me esqueceu.

Ao ver um carro cinzento
Com a cruz do sofrimento
Bem vermelha na porta,
Fugi impressionado
Sem ter perguntado
Se ela estava viva ou morta.

A poeira cinzenta
Da dúvida me atormenta,
Nem sei se ela morreu.
A luva é um documento
De pelica e bem cinzento
Que lembra quem me esqueceu.

O que é que está havendo aí? Quem estava no táxi? E a ambulância? Por quê? Achou a luva onde? Você dirá que é frescura minha. Paulinho Mendes Campos era cismado com essa letra, achava-a a mais misteriosa de nosso cancioneiro (isso foi antes dos songuibúquis surgirem). Daí que eu cismei também. No Vilarinho, Aracy de Almeida, em ocasião memorável, também não soube explicar. O que é que Noël, esse moço de trema, estava ocultando lá? Só pode ser jogada. Eu devo estar boiando. Você não boiou na lagoa da Conceição, espero. Meteu os peito. Pois agora, de seu pódio, manda-me, se possível, uma exegesezinha, que estou necessitado.

Ivan

14/12/00
Ivan Lëssa,

a Equipe Conti se deu bem em Florianópolis. Estávamos inscritos na categoria que foi autorizada a atravessar a lagoa da Conceição, pouco antes do vento sul abrir o bocão e soprar. A partida da categoria seguinte foi cancelada. O pessoal, quase mil pessoas, ficou uma arara.

Enquanto isso, enfrentávamos a fúria dos elementos. Vento e correnteza. Sol e calor. A dificuldade em enxergar as boias de orientação. A água salgada, as marolas, as ondas. Nadamos mais do que os dois quilômetros do percurso, pois fomos em ziguezague. Um dos meus irmãos se perdeu. Apareceu perto da Guarapiranga, onde foi resgatado. Os outros três conseguimos chegar na outra borda, ainda que aos trancos e barrancos. Meu tempo foi de risíveis 57 minutos.

A "Cor de cinza", que tanto intrigou você, Paulo Mendes Campos e Aracy, também me azucrinou. Arrisco uns palpites. O "narrador" recebeu uma mulher no seu apartamento; aí ela desceu e tomou um táxi para não se sabe onde; e esqueceu a luva de pelica no apê. Até aí é fácil: são fatos. Depois, não se sabe quando, o narrador vê uma ambulância e lembra da mulher. Lembra porque a ambulância é cinza como a luva dela e como o céu na hora em que se separaram. Essa mulher o deixou para sempre, o esqueceu. Ele não sabe se ela ainda vive ou morreu.

É essa a historinha que a letra conta, acho. Uma separação e sua lembrança dolorida e colorida de um cinza lúgubre. O cinza do céu, da luva e da ambulância encobre a identidade dessa mulher.

Abração,

O nadador da manhã

17/12/00

Namor da Conceição,

você me deu tantos dados a respeito de seu enfrentamento da perigosa lagoa onde barrigas-verdes afogam seus inimigos, que eu, aqui, tive até vontade de voltar a meus tempos de natação. Em piscina, evidentemente. Sim. Mesmo com aquele marzão todo se abrindo para mim, eu gostava de ir à piscina. A do Copacabana Palace, a do Botafogo, pouco antes de se chegar ao Mourisco (sabe o que é?), ou a do Guanabara.

Boa era a do Guanabara. Cinquenta metros, trampolim de dez (ou seriam quinze?). Nem eu nem o Apolo éramos sócios. A gente ia, aos sábados, à piscina do Botafogo, depois penetrávamos no Guanabara para pular do trampolim e ficar debaixo d'água.

O Apolo era meu melhor amigo na época. Pobre e meio burro, custava-me, como a maior parte dos amigos, uma fortuna. Eu tinha de pagar o cinema, o passe do jogador de botão, o picolé da rua da Passagem, quando matávamos aula. O Apolo, com catorze anos, já tinha bigode. Isso era motivo de orgulho para nós dois. Eu tinha uma parceria estranha com o bigode do Apolo. Não ouse explicar. Deixe os meninos em paz. Uns garotos, mal sabíamos o que estávamos fazendo. (Cá entre nós, eu sempre soube o que estava fazendo. Muito cedo percebi como explorar minha tenra idade. Deve ser por isso que me sobrou tão pouca idade neste crepúsculo de vida.)

O pai do Apolo tinha um armarinho na Visconde de Pirajá: A Nova Era. Passávamos lá para roubar fita, elástico, botão, o que desse sopa. Roubamos na Sears, na confeitaria Kopenhagen, nas Lojas Americanas. Roubamos discos usados na Feira dos Discos. Pegávamos uma pilha enorme, íamos para a cabine. Apolo de pasta. Nela tacávamos uns dez ou doze. Ele se mandava na frente, correndo todos os riscos, enquanto eu, com minha melhor cara de anjo, ia e pagava por um ou dois na caixa.

A última vez que vi o Apolo foi lá pelos anos 60. O mesmo bigodão, e ele carregando, na avenida Copacabana, uma televisão, juntamente com um — novo — amigo. Não estava roubando a televisão. Estavam, ele e o — novo — amigo, botando a televisão num carro para ser entregue ao freguês. Onde é que Apolo foi descobrir jeito para consertar qualquer coisa? Estará rico?

Tudo isso para dizer que, na piscina, eu achava uma besteira enorme ficar nadando pra lá e pra cá. A única coisa interessante era ficar debaixo d'água. O máximo do tempo possível. Sem competição nem nada. Só porque debaixo d'água é mais agradável do que em cima d'água. É mais quieto, é mais repousante. Por isso não entendo essa agitação toda. A minha e a de todo mundo. Estivéssemos debaixo d'água e parávamos com essas besteiras.

Noël. Muito simples: estava num dia aziago, como dizia o comentarista esportivo quando o Oswaldo Baliza engolia um frango. Noël errou. A moça deixou a *garçonnière*, entrou num táxi, o táxi bateu, uma ambulância levou, ele deu com a luva, não teve peito de saber se ela morreu ou não. Noël erra furiosamente quando fala que a luva "é um documento... que lembra quem me esqueceu". O tema deveria ser covardia. Ponto. Ela não esqueceu coisa alguma. Foi atropelada. Ou o carro em que estava bateu. Uma coisa assim.

Estivessem todos debaixo d'água e nada disso teria acontecido.

Glub-glub para você também,

IL

17/12/00

Olá!

acordo com horrenda gripe. Arrastei-me até a BBC fazer coluna e carta. O frila aqui deixa de ganhar. Esse horror de época.

IL

17/12/00

Ivan,

o velhinho do sacão se aproxima. Ouço o bimbalhar dos sinos londrinos: depressão, gripe, vento, ruas entupidas, metrô parado, chuva, ó vida, ó céus, ó azar! Ainda não comprei os presentes de Natal. Dinheiro curto: as viagens ao Rio e a Florianópolis sangraram-me as burras.

MS

19/12/00

Ivan submarino,

quando nadava debaixo d'água no Guanabara, você via vultos. Via tudo embaçado. Os olhos ardiam. Você era um cego submarino. Ficar debaixo d'água sem óculos de natação equivale à cegueira na terra. Com óculos, abre-se um mundo novo. A visão potencializa os outros sentidos, dá sentido a eles.

Há alguns anos, aprendi mergulho submarino. O barato é total. Lá embaixo, nossas noções mais básicas, as de tempo e espaço, são dissolvidas. O espaço é infinito, e você está no meio dele — nem no solo, nem voando, nem flutuando: em suspenso, com a antiforça da gravidade o puxando para cima. O tempo é lento.

Eu estive lá, Lessa, e vi. Vi uma raia dançar como bailarina em Bora Bora. Vi um navio naufragado na Laje de Santos. Vi tartarugas no atol de Abrolhos. Vi um cânion submerso na Grande Barreira de Coral. Vi tubarões em Fernando de Noronha. Vi garras arruinadas arranhando o fundo de mares silenciosos. Vi condutos, túneis e paisagens de pedra calcária.

Seu,

Namor da Conceição

19/12/00

Juventude!

como sou um débil mental e encontro-me em fase decididamente suicida, arrastei-me até a BBC. Tomei um chuveiro, aparei a barba, pus colônia, comprei o jornal, vim devagarzinho tentando dar uma aparência de rotina e normalidade ao desatino. Morto de culpa de não ter vindo ontem (não falto nunca). Mais besteira: em meio à depressão, fui fazer um levantamento de minha vida. Boa ideia, né?

IL

19/12/00

Ivan,

vai de arsênico, cara. Ou então dê uma de Sylvia Plath e enfie a cabeça no forno. Não sei se no micro-ondas dá resultado. Não custa tentar.

MS

21/12/00

Mario Sergio,

é verdade. Eu fico — ficava — debaixo d'água sem óculos. Via tudo embaçado. Precisamente. Eu já uso, desde os dez anos, óculos fora d'água. Chega. Meu negócio era ver menos, sentir menos o peso — ai, o peso! — de meu corpo. Tenho sérias dúvidas a respeito de que o corpo humano não foi feito para nadar. Acho que foi. A gente veio do mar. Eu tinha um amigo que sempre que tomava um porre dizia que ia voltar para o mar. Daí se atirava nas pedras da praia do Flamengo. Tinha má pontaria e uma noção precária de mar. Mas, de uma maneira geral, estava certo. Com a perna engessada, um sorriso misterioso, ele parecia mesmo ter voltado para o mar. Nós é que não notávamos.

Recebi os textos do mais recente debate de Caetano Veloso. Sensacional! Ele vira, fala, mexe, ataca, contra-ataca, dança, pula, faz careta! Sozinho! Pra ele mesmo! Parece uma mistura da Linda Blair, vomitando verde e virando a cabeça em *O exorcista*, e a festa da Stella Dallas para a filha, em que acabou não indo ninguém. Tem funcionado o esquema do moço? Não é possível! Isso é muito antigo, muito batido! Mas vem cá: música para o Antonioni é divino! Essa um amigo ficou de me mandar. Quero ver aquele teu amigo erudito escrever e publicar o anunciado estudo: "Caetano: a postura da impostura".

Como você viu, estou sem assunto, e, mesmo que tivesse, estragaria tudo porque estou uma bosta. Gripe horrenda, esta época, coisas. De qualquer forma, qualquer dia desses é capaz de parar de chover.

Blim-blão!

Ivan Lessa

24/12/00

Ivan,

você deve ter desacostumado do que é o Natal no Brasil. Tenha em mente que faz um calor boçal. Que chove à beça. O bastante para inundar tudo, parar o trânsito, enervar ainda mais as pessoas. As ruas, os cinemas, os restaurantes, as estradas — fica tudo lotado. As pessoas vão a festinhas de amigo secreto. Vão a confraternizações das firmas. Vão ver vitrines. Vão levar crianças indefesas para se assustarem com Papai Noel. Vão fazer compras. O dinheiro é curto e as mercadorias, caras. Uma vaga de mau humor percorre a cidade na segunda metade de dezembro. Há agressividade no ar.

E no entanto é Natal. Músicas bobas e belas são lembradas. João cantando "Eu pensei que todo mundo fosse filho de Papai Noel". Sinatra: "*O what fun it is to run in a one-horse open sleigh*". Memórias de outros Natais teimam em aflorar. Dói um pouco, às vezes. Mas estamos reunidos, gostamos disso, tomamos vinho, damos risada, olhamos os filhos — alegres, bonitos, agitados.

Um ótimo Natal para você, a Elizabeth e a Juliana.

Mario

26/12/00

Mario Sergio,

gostei de sua descrição do Natal aí. Bem como eu me lembrava. Muito pinheiro, muito algodão fingindo de neve, muito tutu rolando adoidado. O que é que os pobres fazem no Natal? Vão para as estações de águas? O que é que vocês fazem com eles?

Não pense que eu, por estar mais próximo do verdadeiro espírito natalino — o frio, as vestes, as decorações —, já estou livre dele. Não, não. Esta carta está seguindo na terça-feira, dia 26 de dezembro, Boxing Day. Nesse feriado, que remonta ao princípio da era vitoriana, dia de santo Estêvão, as caixas deixadas nas igrejas para recolher oferendas a nossos irmãos destituídos eram recolhidas e seu conteúdo distribuído pelos padres a seus paroquianos. Parece que, em regiões mais atrasadas do país, onde há pobres obrigados a viver em habitação de apenas dois quartos e sala, ainda corre o costume.

Eu, honestamente, preferia que fosse Boxing Day, no sentido de botar as luvas, pular dentro do ringue improvisado, segundos fora, e mandar murro na cara. Bom para o moral, remédio garantido contra a ressaca. Prevalecendo certas regras de procedimento, nós, os ricos e remediados, ganharíamos sempre dos pobres.

Os pobres têm a mania de estragar o Natal dos outros. E desafinam o tempo todo quando cantam em Oxford Street para os turistas japoneses. Este governo aqui tem feito — bendito seja! — o possível para tornar a vida o mais difícil possível para essa gentinha absurda. Mas vai lento e hesitante. Deveriam atirar rápido e com segurança, negando tudo depois. Deveriam fazer feito vocês fazem aí.

Você encerrou sua penúltima missiva com poesia. Citou T. S. Eliot e W. H. Auden sem dar os nomes. Não posso acreditar que esteja querendo despertar de novo o parnasiano-jurássico em mim. Já passamos por esse terreno e não foi uma boa, lembra? Assim sendo, mando-lhe algumas linhas pertinentes a essa mania que os brasileiros têm de fazer "poesia", em prosa, verso, música e papo no botequim. São da autoria do Santos Tavares, um gozador português, nascido em 1913 e morto em 1963. Suas palavras são imortais. Catei as linhas publicáveis e aqui reproduzo. Vão nessa, poetas, vão nessa!

Levai nos vossos traseiros
Poetas da nossa terra!
Marzapos são os braseiros
Do amor. E, paneleiros,
Vereis o que o gozo encerra.
Levai nos vossos traseiros
Poetas da nossa terra!

Seu,

Ivan

28/12/00
Ivan,

no dia 25, parti, partimos, de manhãzinha, em busca de onças. Pegamos a Fernão Dias. Em Lavras, já nas Minas Gerais, tomamos o rumo de Barbacena. Passamos ao lado de Itutinga. Entramos em São João del Rei e saímos. Chegamos, cinco horas e quase quinhentos quilômetros depois, a nossa base: Tiradentes.

À tarde, passamos na frente do chafariz, construído em 1749. Um laivo de emoção perpassou-nos a alma quando detivemos o olhar no escudo da casa real portuguesa. Sim, isso aqui foi a América lusitana. Sem mais nem menos, um tucano voou em direção ao chafariz e se postou atrás. Voando, o bicho é de uma elegância, de uma horizontalidade, de uma leveza ímpares. Quedou-se numa mureta de pedra. Era de um negro brilhante, de veludo, contrastando com bordas brancas. O bico ia do amarelo ao laranja, e ao vermelho, e ao rubro.

Seguimos adiante. Subimos a lenta ladeira, a rua da Câmara, com seu casario e seu chão de pedra. Lá em cima, ofegantes, nos deparamos com a matriz de Santo Antônio, cuja construção teve início em 1730. Oitenta anos depois, os curas já queriam modernizar a igreja. Encomendaram uma nova fachada a Antônio Francisco Lisboa, sim, ele mesmo, o Aleijadinho. O arquiteto e escultor, velhinho, estava um bagaço só. Desenhou o projeto e não o implementou.

Procuramos o retábulo móvel que cobria o altar-mor. É que Mário de Andrade, numa carta de 1928 a Manuel Bandeira, se refere a ele como uma obra-prima. Como descrevê-lo? Não o descreverei. Apenas digo que o pior dos piores pintores da praça da República não o faria pior.

Um amigo, crítico de arte, tem uma tese indesmentível: os escritores brasileiros, mesmo os melhores, não entendem nada de artes plásticas. Vide Mário de Andrade, vide Drummond, vide Ivan Lessa, vide Machado, vide Guimarães Rosa, vide quem você quiser.

Até,

MS, de Tiradentes

30/12/00

Ivan,

voltei ontem, antes que os turistas chegassem a Tiradentes e estragassem a boa impressão que a cidade provocou: pequeninha, bem preservada, preços decentes, artesanato razoável, pouca arte e comida muito boa.

MS

30/12/00

Oi, cara,

já estava preocupado. Pensei que a onça o levara.

IL

31/12/00

Mario Sergio,

na sexta, fui até a esquina. Era um dia frio, seco, azul e branco feito um menininho morto. Nevara na noite anterior. Dois graus, dos nossos. Cansei de ficar em casa. Oito dias com uma baita gripe. Ao menos, não fumei. Na esquina, não tinha nada de novo. Tudo como eu me lembrava. Também não tinha nem onça nem tucano, ao contrário de Tiradentes. Mas vi um velho escorregar na neve e cair de bunda no chão. Foi gozado.

Esse seu amigo crítico de arte. O da tese de que escritor brasileiro não entende nada de artes plásticas. Simplifiquemos: cá entre nós, não há tantas "artes plásticas" assim para se apreciar, para se entender. Hem? Música, tudo bem. O resto... Bem, o resto talvez para o século que vem, esse que aí está aos pontapés na porta.

Ivan

31/12/00

Ivan,

vamos passar o réveillon aqui. Com a Lina, não vai dar nem para ir na avenida Paulista. Uma champagne *e um* paté *francês serão nossa ceia. A Lina dormirá às 8h. Eu e a Flávia, às 10h30. E vocês?*

Mario Sergio

31/12/00

MS,

champã, os queijos de Calais que Elizabeth trouxe, um caviarzinho, as doze uvas à meia-noite. Só nós dois no salão.

IL

2/1/01

Ivan,

deixamos nossa base em Tiradentes e nos dirigimos a Bichinhos, onde havia uma rua, ladeada por sobrados sujos, onde pessoas não faziam nada. Seguimos viagem rumo a Prados. A cidade é bonitinha. Tem um monumento aos nove pradenses que integraram o Quinto Exército Americano na Itália, alistados que estavam na Força Expedicionária Brasileira. Sentaram a pua. Na placa de bronze estava transcrita a letra, do Guilherme de Almeida, da "Canção do expedicionário". Para gáudio das duas moças, de um vira-lata e de um bêbado, entoei o estribilho:

Por mais terras que eu percorra
Não permita Deus que eu morra
Sem que volte para lá!

Sem que leve na divisa
Esse V que simboliza
A vitória que virá!
Salve a vitória final!

Entramos num bar e perguntamos onde poderíamos encontrar os irmãos Carrança e o Julião. A balconista disse que era complicado explicar. Saiu do bar e apontou para um menino: ele nos levaria lá em troca de uma groja. O rapaz subiu no carro, subimos morro, descemos morro, a estrada se estreitando, curva para lá, curva para cá, chegamos a um galpão de madeira rodeado de troncos formidáveis.

Numa sala menor, meia dúzia de homens jogava cartas. Tinham almoçado e faziam hora antes de pegar no pesado novamente. Na sala maior, lá estavam elas: onças. Centenas delas. De vários tamanhos. Pintadas e pardas. Havia também tatus, corujas, coelhos e jacarés. Não nos interessavam. Queríamos onças. Andamos em meio a elas, avaliando suas formas, suas posturas, suas superfícies.

Duas, de tamanho natural, chamaram-nos a atenção. Uma, de ipê, estava sentada, altiva. A outra, com as pernas traseiras relaxadas, era de maçaranduba. Indagamos o preço. Reclamei que estavam caras. Perguntei se fazia desconto. Se podia pagar com um pré-datado.

Dúvida: a de maçaranduba ou a de ipê? Novo exame escrupuloso das peças. Ganhou a de ipê: um pouco mais cara, mas madeira pesada e resistente, linda. Eis que sinto alguém me olhando. Retribuo o olhar e ganho uma piscada. Era um banco-onça. Um banco em forma de onça-pintada. Sem encosto. Para quatro pessoas. Maravilhoso. Mas não cabia no carro nem a pau. Eles faziam frete. Fechamos negócio. A de ipê iria conosco. A onça-banco, de caminhão.

Gosto de onças. Tenho umas dez. De Roraima, do Piauí, de Parati e de Minas. Todas de médias para pequenas. A maioria pintadas e de madeira. Todas artesanais. Voltamos para São Paulo com o carro arriado, de tanta tranqueira no porta-malas. A onça está na sala.

Mario

4/1/01

Ivan,

amanhã vou ao Rio. Serei convidado para dirigir o JB. *Não há possibilidade de fechar negócio.*

Até,

MS

4/1/01

Oi,

JB*? Ih, rapaz, danou-se! Vão te cobrir a proposta e ainda oferecer mais. Ficarás numa sinuca de bico. Vai arrumando uma casa perto do João. No metiê, tudo se sabe. O Jader, século passado, já me perguntara se era verdade que você ia dirigir o* JB. *Eu disse que não tinha a menor ideia. Agora sei que é batatolina.*

Vai pela sombra, carioca.

IL

4/1/01

Tenente Conti,

os pracinhas voltaram e eu fui ver a chegada do centro da

cidade. Meu pai conhecia alguém na Biblioteca Nacional e a gente viu lá de cima a brava rapaziada, aparentemente sóbria enfim, serpenteando na avenida Rio Branco, em coluna por um, o mar de gente empolgada, moças dadivosas comovidas servindo beijos. Lá deveriam estar Biguá, Geninho, Braguinha e outros jogadores de futebol que ganharam, por uns tempos, o apodo de "craques-pracinhas". O resto da turma, dos sobreviventes, estava sempre lá por casa. Batiam na porta do serviço — estamos já em 1947 ou 1948 —, apresentavam uma bruta papelada, com foto e firma reconhecida, cobriam a boca com o lenço, tossiam muito e juravam por Deus que eram tuberculosos mesmo. Só queriam uns cobres e, se possível, um prato de comida. Nunca deixamos de dar. Nem mesmo depois que foi inaugurada a Muleta do Gigante, ali do lado do Museu de Arte Moderna, no Aterro.

Mas isso são getulices de minha parte. Se o baixinho ouvisse seu coração, teríamos cerrado fileiras com Hitler e Mussolini, levado uma tunda e, melhor que Volta Redonda ou os plásticos do marechal Dutra, pego uma beirada no Plano Marshall, o que, por sua vez, proporcionaria a criação de multibilionários canalhas e corruptos já nas décadas de 40 e 50, sem ter que esperar pelos anos 80 e 90. E você não estaria colecionando onça, mas sim dinheiro, feito todo mundo normal.

Do seu ponto de vista, as coisas só estarão perdidas quando aparecer, aí no teu bairro, uma loja especializada na venda de onças artesanais. Uma loja chamada Ounces'. Pior: Ounce's.

Bote essa ração no seu bornal e divirta-se.

Cabo Lessa

6/1/01

Ivan,

querem que eu dirija o JB. *Disse para levarem em conta que sou paulista, nunca morei no Rio e não sei onde é Cascadura; e jamais dirigi jornal, que é um bicho diferente de revista. Pegaram referências com pessoas que gostam de mim ou são amigos. Eu disse que deveriam falar com meu ex-patrão. Para fazê-los ver que talvez eu não seja a melhor opção.*

Mario

7/1/01

Capitão Lessa,

já passou o Dia de Reis e ainda não fizemos a lista dos melhores e piores de 2000. Que ano ruim, meu Fritz Lang!

Melhor Nacional: *Cronicamente inviável*, de Sérgio Bianchi. Pau no baianismo tropicalista, na ética do trabalho paulista, na malandragem carioca, na malemolência nacional, nos estereótipos reconfortantes. É um filme irritado com a porcaria em que estamos metidos.

Melhor Italiano: *Gente da Sicília*, do Jean-Marie Straub.

Melhor Francês: *Elevador para o cadafalso*, do Louis Malle. Sim, é de 1957, mas ainda não tinha visto. Uma surpresa. Em contrapartida, revi do Malle *O sopro no coração*. Era ruim nos anos 70 e piorou bastante.

Melhor Israelense: *Kadosh*, de Amos Gitaï. Com ele, dá para entender melhor a barbárie israelense. Aquilo é uma teocracia medieval.

Melhor Americano: *South Park*. Nunca vi o desenho na televisão, que você e o André tanto gostam. O final feliz é puro Hollywood. A iconoclastia vai até certo ponto.

Melhor Inglês: *A fuga das galinhas*. É tudo aquilo que os estúdios Disney queriam ter feito.

Mario Sergio

9/1/01

MS,

espero que o JB *mande logo você ficar se roçando nas ostras de Santos. Ou São Vicente. Uma dessas cidades fundadas por antepassado meu.*

Auguri,

Lessa — Aquele com o qual a anatomia se vê louca: é todo coração.

9/1/01

Sô dotozinho,

vou começar a distribuir prêmios e estatuetas como se estivesse em Gramado. Os refletores realçam meus cabelos acaju. Faço a primeira piada (conto aquela do papagaio fanho) e anuncio o primeiro prêmio.

O Lessão de Manganês vai para o melhor filme do ano: *Best in show*, do Christopher Guest, com uma porção de atores que ninguém conhece. Sobre uma exposição de cachorros. Filme acompanha os diversos concorrentes e seus donos. Mais de metade do texto é improvisada. Uma delícia.

O Manguapo de Platina vai ser rachado entre dois filmes: *Três reis* e *Em sendo John Malkovich*. O *Reis* é um *heist film* (deixa a turma ir aos dicionários, Mario Sergio. Pra treinar*) com

* *Heist film*: "Filme de reis", em anglo-saxão pré-medieval.

aquela guerra canalha como pano de fundo. O único filme sobre a Guerra do Golfo, aliás. A baita da confusão que é ir matar gente na terra dos outros. Idiossincrasias dão a tônica: aquele close da bala penetrando e espalhando bílis no interior do corpo humano. Em compensação, Mark Wahlberg e Spike Jonze (mais sobre esse já, já) estão ótimos. Pena haver uma demagogiazinha lá pras bandas do finzinho.

Os outros quinze centímetros do Manguapo vão para, como disse, *Em sendo John Malkovich*. Coisas do Spike Jonze. Malkovich topou o esquema e melhorou muito no conceito de todo mundo: cicia, mas tem senso de humor!

A Troncha de Prata vai para *American psycho*. Nós todos odiamos o romance do Bret Easton Ellis. Em filme, beirou a perfeição do pesadelo que os americanos se recusam a enfrentar: tudo isso, essas nasdaquices todas, não passa de uma tremenda de uma canalhice, de assassinato em série.

A Trombinha de Silicone vai para *Toy story 2* e *A fuga das galinhas*. O primeiro tem inteligência e charme e, com a graça de Nosso Senhor Jesus Cristo, não mostra a cara do Tom Hanks, só a voz, que, mesmo assim, quase estraga o negócio. O segundo é um engenhoso *reworking* (deixa eles, Mario Sergio. *Remember* o New York City Center na Barra do Rio) de *A grande fuga*, do John Sturges. É aquele com o Steve McQueen, cult com exibição garantida em todo Natal na Inglaterra.

A Maldição do Faraó para o *Dancer in the dark*, do dinamarquês lá, ou belga, uma bosta dessas, com a grotesca Björk. A única vez em que desejei a morte de meus semelhantes no escuro de uma sala de exibição. A morte de todos os envolvidos no projeto, do diretor ao garoto que trazia o cafezinho. Até filme brasileiro eu vi sem me rebaixar a esse ponto.

Palmas, ursos e leões para você também, Mario Sergio.

Ivan

11/1/01

Lessão,

nome a se ficar de olho, como você chamou atenção, é o do ator que interpreta um dos *Três reis* e dirigiu *Malkovich*: Spike Jonze, na sua dupla estreia como ator e diretor, aos trinta anos de idade. Bom notar: um skatista, da geração videoclipe, um pretenso bobalhão fez um dos melhores filmes do ano.

MS

14/1/01

Mario Sergio,

dia 20 completo 23 anos sem pôr os pés aí, sabia? Devo ganhar um Grammy. Só um perfeito pateta não ganha Grammy. Há quase cem categorias a merecerem aquela estatueta. Quase peguei a minha quando completei vinte anos redondos, evidentemente que em nova mixagem e remasterizados em digital.

IL

16/1/01

Ivan,

sou fã do notório escritor Miguel Falabella, também conhecido como Loira Má. Eis umas frases do autor de fala bela:

"Digam o que disserem, atirem as palavras que escolherem, não consigo viver sem poesia. Simplesmente não funciono sem aquela dose diária de encanto."

"Invejo o sonho de focas e vastas extensões geladas. Invejo, sobretudo, a solidão do urso-polar, ou melhor, a capacidade de estar sozinho, satisfeito com a parte que lhe coube neste latifúndio. Acho que é isso o que sempre nos fascina no mundo animal, de qualquer forma: a aceitação silenciosa de seu destino."

Falabella é o máximo.

Mando uma tradução que fiz há pouco de um poema do Joseph Brodsky. Não, Lessa, não traduzi do russo. Traduzi do inglês, o idioma no qual ele escreveu essa "Canção de boas-vindas". Começa assim:

Eis sua mãe, seu pai, seus avós.
Bem-vindo a esse sangue, esses ossos.
Por que você perdeu a voz?

Eis sua comida, a bebida, o jantar.
E uns pensamentos, se quiser pensar.
Bem-vindo ao lar.

Eis sua estrada da vida quase virgem.
Bem-vindo a ela, a essa miragem.
Mesmo assim, boa viagem.

Mario Sergio

18/1/01

Poxa, Mario Sergio!

já disse e repito: a poesia não é necessária! A agricultura é necessária. O macaco transgênico é necessário. Há coisa necessária que não acaba mais neste mundo de Deus. Menos a poesia. Brodsky morreu em 1996. As autoridades soviéticas o acusaram de "parasitismo social". Por uma vez, as autoridades soviéticas estiveram a menos de dez quilômetros da verdade. Era um chato de galochas de astracã. Não que merecesse cadeia com trabalhos forçados. Trabalhos leves, sim. Manuais, digamos. Bordados, crochê, por aí.

Agora, o Falabella. Parece-me um exemplo perfeito disso que eu vinha dizendo. Da poesia ser desnecessária. Na maioria dos casos, chega a ser prejudicial. Basta não ir de poesia que, na maior parte dos casos, as coisas se resolvem por si mesmas. Se o Falabella fosse só de urso num zoológico ou num circo, tudo bem. Mas "solidão de urso-polar" é feito "gregarismo de graúna na caatinga": besteira. Basta pintar os cabelos de louro, fazer quarenta minutos de esteira quatro vezes por semana e — pronto! — essas coisas passam.

Quem disse que o passado morreu? O passado sequer passou. Agora eu vou e taco meu azulejo: nosso passado sequer se passou, meu irmão.

Ivan

18/1/01

Ih, rapaz!

você gosta mais da frase do Faulkner que da minha variação em torno do tema? Gosta mais de "O passado sequer passou" do que de "Nosso passado sequer se passou"? Gosto mais da minha, mesmo com seu jeitão anos 70, de gip-gip.

Os dentes estão limpos. De seis em seis meses, check-up e hygienist *que vai lá e limpa um por um. Incrível o que os remédios*

18/1/01

Ivan,

sua mensagem foi interrompida no meio de uma frase. Desconfio que você virou os olhos, deu uma estrebuchada e caiu mor-

tinho da silva, duro e preto, no local de trabalho, para chateação dos colegas, que terão de providenciar a remoção do corpo pútrido, atestado de óbito, féretro, enterro e missa de sétimo dia. Quem mandou não parar de fumar?

MS

21/1/01

Prezado Lessa,

ontem fez 23 anos que o jornalista, humorista, radialista e escritor Ivan Lessa saiu da cidade de São Sebastião do Rio de Janeiro com destino a Londres e nunca mais voltou. Efeméride, além de quebrada, canhestra. Não há o que comemorar, o que lastimar, o que lembrar, o que explicar, o que analisar. Estivesse no Rio, e em estando em Londres, ele não conseguiria ir além da banalidade que Voltaire escreveu numa carta quando do seu exílio final, em Ferney: *Rien est meilleur que la vie.*

Seu,

Mario

23/1/01

Hi!

grato pelo envio do retratinho 3 × 4 feito pelo Millôr. É daqueles troços do Millôr: brincar com a língua, mas, nas entrelinhas, e para mim e quem está por dentro, dizer mais ou menos o que há. Estou todo lá. Ao menos o Ivan de 1971, quando nos víamos todo santo (santo!) dia. Millôr é um cara estranho. Capaz de ter guardado o 3 × 4 para esta semana de efeméride.

Inté,

IL

23/1/01

Mario Sergio,

como é que você faz uma coisa dessas comigo? Lembrar não só a mim, mas ao mundo também, que sou efêmero! Estes 23 anos de Londres passaram num piscar de olhos. Eu cheguei no Galeão, quando este, ao contrário do Tom Jobim, ainda era vivo, dei uma piscada para o Cristo Redentor, ouvidos fechados sobre a Guanabara, e me mandei. De lá para cá, minha vida não foi outra coisa a não ser ouvir gente exigindo explicações para minha ausência do Brasil, como se eu fosse um menino matando aula, ou levando descompostura por ter abandonado o campo de batalha, como se eu fosse um pracinha na Itália.

Você também é efêmero, Mario Sergio, só que não o sabe. Acabaste de completar dezoito anos de uma coisa, dezesseis de outra, sete de sei lá mais o quê. Viver é uma efeméride. Só que a gente percebe isso dois segundos antes de vestir o paletó de madeira.

IL

24/1/01

Ivan,

estou saindo para o Rio. Falar com o dono do JB. *Escreverei a carta no final da tarde.*

Auguri,

MS

24/1/01

Olha, rapaz,

não se mete nessa. Mesmo que você levante uma nota, não

vai levantar porra de jornal nenhum. Você é muito moço para a profissão, é chabu garantido.

IL

25/1/01

Ivan,

chegou a última das onças que comprei em Prados. Fiz a contagem: tenho treze. Por que onças? Porque uma onça esteve na origem da descoberta do fogo.

Era uma vez um indiozinho chamado Botoque, que certo dia saiu com seu cunhado para pegar ovos de arara. O ninho da arara estava no alto de uma escarpa. O cunhado fez uma escada, pela qual Botoque subiu até o alto da pedra. De lá, jogou os ovos, que no trajeto se transformaram em pedras e machucaram o cunhado. Furioso, ele tirou a escada, deixou Botoque no rochedo, voltou para a aldeia e disse que o menino havia morrido.

Botoque ficou dias no alto da rocha. Com fome e sede, come os próprios excrementos para sobreviver. Uma tarde, vê uma onça lá embaixo, carregando um arco, flechas e vários tipos de caça. A onça vê a sombra do índio no chão e tenta pegá-la com a pata. Ergue os olhos e vê Botoque. Conserta a escada e o convence a descer. A onça o coloca nas costas. Diz que vai levá-lo para casa e dar-lhe carne assada para comer. Botoque não entende o significado da palavra *assada*: naquele tempo, os homens desconheciam o fogo e só comiam carne crua. Na casa da onça, o menino vê, pela primeira vez, o fogo: um tronco de jatobá queimando.

A onça adota Botoque. A mulher da onça, uma índia, não gosta do menino. Quando a onça sai para caçar, a índia hostiliza Botoque. A onça repreende a mulher ao voltar. Não adianta: na ausência do marido, ela sempre arranha o rosto do enteado.

A onça ensina Botoque a usar o arco-e-flecha — até então desconhecido dos homens — e lhe dá um de presente. Aconselha o índio a usá-lo para assustar a madrasta. Quando a onça sai, Botoque mata a índia com uma flechada no coração. Assustado, o menino foge com o arco-e-flecha e um pedaço de carne assada.

Volta para a aldeia e mostra o arco-e-flecha e a carne assada aos índios. Os homens resolvem se apossar do fogo. Guiados por Botoque, vão à casa da onça, que ainda não havia retornado. Pegam o tronco de jatobá queimando e as carnes. Naquela noite, pela primeira vez os homens dispõem de fogo para iluminar a aldeia e aquecê-los. Ao redor da fogueira, comem carne assada.

A onça volta para casa e contempla a obra humana: a mulher morta, o fogo e o arco-e-flecha roubados. Desde então, ela tem ódio do gênero humano. Decide que só caçará com os dentes e comerá carne crua. Do fogo, só lhe resta o reflexo, que brilha permanentemente nos seus olhos.

Não inventei a história. É um mito dos índios Kayapó-Gorotire. Foi recolhido por Claude Lévi-Strauss e está n'*O cru e o cozido*. O mito explica várias coisas: a descoberta do fogo, do arco-e-flecha, do churrasco; por que as onças atacam os homens, caçam com as garras, comem carne crua e têm um brilho nos olhos que parece uma chama.

Mario

26/1/01

Cara-Pálida,

você nunca mais me disse como andam as coisas em matéria de hits. Sinal garantido de que não vão muito bem.

IL

28/1/01

Cara pálida,

não há nada mais triste do que índio brasileiro. São os piores índios do mundo. Nunca vi gente mais sem jeito para índio. Índio só pele-vermelha americano. Touro Sentado, Cavalo Maluco, Urso Pelado. Com Anthony Quinn fazendo o papel. Mesmo assim, lá e cá, os índios foram um tremendo atraso de vida. Aguardente e chumbo (mais um resfriadinho também) resolveram o problema na hora e século justos.

Lévi-Strauss, conforme ficou provado na iconoclástica biografia *Le con et ses conneries*, de Alain Baisebien,* não entendia uma palavra de caiapoês e foi enganado e roubado por um intérprete contratado em Mato Grosso, José Henrique Silvares, que inventou tudinho graças a um extraordinário talento para bater a carteira de turista estrangeiro cultural.

Quanta ingenuidade! Onde já se viu onça casada com índio? Índio se acasalava ou ia de mamoeiro e, evidentemente, animais de pequeno e afável porte. Nunca que se meteriam a meter numa onça. Pouquíssimas deixavam. Tribos inteiras sucumbiram até se darem conta desta sutil diferença de temperamento e disposição. Depois ainda culpam o homem branco...

Botoque, segundo você e o idiota do francês, passou dias no alto de uma rocha comendo o próprio excremento. Índio só passou a ter excremento durante o governo do general Medici e o início das obras da espetacular Transamazônica. Todo mundo sabe. Sim, alguns morreram debaixo de tratores. Mas o progresso é assim mesmo, exige mártires. Não devastássemos florestas bravias e os índios continuariam sem excremento para comer.

Acho pouco provável, mesmo em lenda caiapó, uma onça ensinar a um índio como usar arco-e-flecha. Índio não aprende

* Éditions Bienenculé, 1969.

de jeito nenhum essas coisas. Deve ter sido erro de tradução. Ou o francês ouviu mal.

Ivan

30/1/01
Morubixaba,

o que se depreende dos livros de Lévi-Strauss é que os índios deveriam ser deixados em paz, mas que isso é impossível. Deixados em paz porque a riqueza é superior ao único. Deixados em paz porque os homens só foram felizes no Neolítico: quando dominavam o fogo, cobriam o corpo e não progrediam. E isso é impossível porque a lógica do capitalismo é a da expansão, da entropia e da destruição.

Saudações,

MS

1º/2/01
Mario Sergio,

você foi condescendente comigo. Afirmou que nunca falei com um índio. Falei, sim. Foi em 1963, em São Paulo. Avenida São João. Quem me apresentou foi o falecido jornalista Flávio Porto, que dominava o dialeto dos Caxinuá. Fifuca, como era conhecido (Flávio, não o índio), estava metido numa transa legal com o Boto Anhembi (agora sim, é o índio), envolvendo terrenos no norte do Paraná. Tomamos uns Fogo Paulista numa esquina. Contamos anedota de turco comprador de roupa veia. Cantamos canções antigas ("There must be a way", "Tome continha de você", "A marcha do neném"). Vomitamos. Mais tarde, pegamos o filé do Moraes e fomos acabar a noite no hotel Londres, mais adiante, com umas marafonas ainda cheirando a agrião e alho. Sei, pois, do que estou falando quando emposto meu discurso na direção dos silvícolas.

Adieu, sauvage!

Ivan

2/2/01

Ivan,

Caio não tem acompanhado nossos hits. Como ninguém lhe falou nada, supõe que devam estar na média. As coisas mais acessadas no UOL são, pela ordem, sexo, sexo, sexo, chats sobre sexo, chats não sobre sexo e notícias. A única colunista com bons hits é uma que escreve, sim, sobre sexo. Ele acha que não haverá problemas na renovação do contrato, apesar de estar cortando custos.

MS

3/2/01

MS,

fiquei satisfeito com a possibilidade de renovação, mas nunca contar com ovo no cu de galinha brasileira. Esperemos.

Ivan

4/2/01

Lessa,

vamos botar as leituras em dia. Em *The Tiananmen papers*, um chinês,* provavelmente dirigente do Partido Comunista, reu-

* Zhang Liang, um pseudônimo.

niu todos os documentos que transitaram pelo governo entre maio e junho de 1989, quando a estudantada ocupou a praça de Tiananmen. Da maçaroca de informações, à qual o Comitê Permanente do Politburo tinha acesso, é possível ver algo em andamento. Sabe o quê? Uma revolução. É possível ver direitinho as manifestações aumentando, as reivindicações se radicalizando, o movimento se espalhando pelo país, os professores e secundaristas aderindo, os trabalhadores vendo a revolta com simpatia, as bases do partido se dissolvendo, os estudantes entrando em greve de fome, a tensão subindo, a divisão na cúpula do PC, o chamamento dos militares à cena, a recusa de um batalhão em participar da ocupação de Pequim... Aí, catapum!

Acabou mal a Primavera de Pequim. Mas no inverno caiu o muro de Berlim. E os brasileiros, o que faziam? Elegiam o Collor.

E você, o que tem lido?

Mario Sergio

6/2/01

Conti,

sim, vamos botar as leituras em dia! Sejamos desbragadamente exclamativos! Leio o mínimo possível de livros! Os novos são todos muito fraquinhos! Os velhos já eram! Eu procuro ler o máximo possível em português. Ao contrário de você, sempre às voltas com Byron, Homero e outros nadadores. Você vive me exibindo um elegante cinquenta metros rasos, mas nunca me citou o crawl australiano de Camões tentando salvar a primeira versão de *Os lusíadas*.

Os portugueses nadam mal, mas ao menos nadam, buscam salvar versos muitas vezes perfeitos e não afundam como chumbo, ao contrário de "os preto" (estou procurando sarna para coçar a mim e a você). Cite-me um único grande nadador negro! Viu? Não tem. Em compensação, em matéria de correria e controle de bola... Oba! Estamos aí.

Ler sobre os eventos de 1989 na praça da Paz Celestial, na China, é um erro que os muito jovens, feito você, têm todo o direito de cometer. Aquilo foi para ser visto, no dia, conferido nos jornais e revistas da semana, e depois, como tudo que é História, ser jogado na lata do lixo. Pergunta para os camponeses lá (eu não tenho mais idade para escrever "campesinato") o que eles acharam. Se estavam doidos para uma revoluçãozinha que garantiria a morte de — o quê? — 30, 40 milhões de chineses. Essa não, meu boneco. Das primaveras de que participei, ou li a respeito, boa mesmo só as dos Jogos, no Rio, iniciativa do Mario Filho e do *Jornal dos Sports*. Jogos da Primavera. Parece que teve até os anos 50.

Lessa

8/2/01

Gafanhoto,

acabei de ler tua carta, ó grandessíssimo preguiçoso! Quando não renovarem nosso contrato no UOL, como bom brasileiro esquecerei que me presenteou com um ano de salário e deixarei de falar com você, culpá-lo-ei pela sacanagem e confirmarei: "É um energúmeno! Um pusilânime!". O Brasil exige consistência. Mesmo na escrotidão.

Abra o jogo. Quando é que se muda para o Rio? Quando é que você vai destruir a aura de seu profissionalismo e, concomitantemente, dar um tiro no peito de sua vida familiar? Tsk, tsk...

Ivon

8/2/01

Ivon,

você intuiu certo: as negociações com o JB *avançam. Na próxima semana vou ter de decidir.*

MS

8/2/01

Ei!

você está frito. Vais acabar devendo uma fortuna ao fisco, seja lá o que for. Conforme diziam: passarinho que come pedra sabe o cu que tem. If you don't mind.

Ivan

8/2/01

Ivan,

de fato, não sei o nome de nenhum nadador preto. Não há. Não sei o motivo. A explicação racial e a genética, as primeiras a vir à mente, são duvidosas. Pelo seguinte: os japoneses, que parecem não ter constituição física nem queda para esportes aquáticos, foram campeões mundiais de natação nos anos 30. Até hoje eles se saem razoavelmente bem. Naquela época, sob a batuta do nacionalismo de extrema direita, treinavam paca. Aperfeiçoaram o estilo e foram campeões.

Mario

11/2/01

Gafanhoto,

uma coisa eu estranho: sei que o rap chegou aí e pegou o espírito da coisa. Pegou como? Quem traduziu e explicou? Não é a turma que faz legenda para filme. Então, quem? Quando eu era garoto, letra de "Blue moon", "Again" e "These foolish things" dava pra se pegar. Embora um Cole Porter de, por exemplo, "Let's misbehave" fosse mais complicado. Qualquer problema, tinha o Haroldo Barbosa fazendo tudo quanto é versão. Muitas delas até que razoáveis. Mas quem explica o glossário do rap? Entre num sítio bem-ajambrado e veja a loucura que é. Um terror, sem dúvida. Mas repleto de imaginação. E socialmente riquíssimo. Como fomos parar nessa? Conte-me tudo.

F*** you, bro!

IL

13/2/01

Rapper,

o rap chegou em CDs. Não é traduzido. É imitado. Imita-se o ritmo, o linguajar,* a cara feia. Mas se canta em português. Quem imita?, pergunta você. Crioulos e mulatos da periferia. Fazem letras xingando, provocando, denunciando a polícia, o racismo, as autoridades constituídas. Não tenho certeza se as letras são machistas. O que ouvi é pouco, quase nada. Ouvi nuns documentários de cinema. A música não é para nós. Nem as letras. O fenômeno não tem nada a ver com classe média branca. As bandas não se apresentam em casas de shows estabelecidas. Ficam na periferia. Nem os discos são vendidos nos bairros ricos.

Gosto de versão também. Não sei se você soube de um CD que

* F***-se, mano!

saiu no ano passado, só com versões dos irmãos Gershwin e Cole Porter. Tem duas muito boas. Uma é a versão de "Let's do it":

Os cidadãos, no Japão, fazem,
Lá na China um bilhão fazem,
Façamos, vamos amar.

Os rouxinóis, nos saraus, fazem,
Picantes pica-paus fazem,
Façamos, vamos amar.

A outra, do Augusto de Campos, é a de "You're the top", que virou "Você é o mel". Lá pelas tantas tem:

Você é
Meu Mahatma Gandhi,
Você é
Um Napoleon Brandy,
Luz do sol que vai
Quando a noite cai
Na Espanha,
É uma boa ducha,
O cachê da Xuxa,
O melhor champanha.
É um toque
De Botticelli,
Hitchcock
Com Grace Kelly.

Que achas, Ivan?

MS

14/2/01

Gangsta Ivon,

olha, aceitei a proposta do JB. *Não foi fácil decidir. Vamos de mala e cuia: Lina, Flávia, Odette, e André uma vez por mês. Vou tirar uns dez dias antes de assumir. Dá para você e a Elizabeth encontrarem comigo e a Flávia em algum lugar? Pensamos em Amsterdam, que é aí perto. Ou em Praga, que é longe. Quem sabe em Veneza, para ver o Tito?*

Abração,

MS

14/2/01

Bró,

agora que você aceitou, como tudo indicava, torço pelo senhor, evidentemente. Para que tudo dê certo.

Não dá para encontrar não, companheiro. Elizabeth tirou os dias que tinha direito há pouco. Eu não quero faltar na BBC e não gosto de dois, três dias, ou fim de semana. Cansa muito.

Well, well,

IL

14/2/01

Ivon,

saio da Folha *amanhã. E assumo no* JB *lá pelo 20 de março. Mas quero continuar trabalhando no UOL até 5 de abril, dia que acaba o contrato. O motivo? Pois não: grana. Preciso dela nessa transição de um emprego para o outro.*

Podemos então ir a Londres no Carnaval. Daria para reservar um quarto no Swiss House?

MS

14/2/01

Mestre,

na minha cabeça, começamos no primeiro dia útil de maio. Desde o Pasquim *que eu não escrevia com a liberdade que, ocasionalmente, escrevi. Acabou-se o que era doce.*

Confirme data que confirmarei no Swiss House.

IL

14/2/01

Ivan,

consegui falar com o Caio. Seguinte: continuamos com o UOL normalmente, até o fim. Quando é o fim? Assinei o meu contrato no dia 5 de abril. Ele ficou de ver a data do teu e se te faz uma nova proposta.

O que vocês querem daqui? Diz para a Elizabeth pensar em algo também. Senão acabo levando bobagens.

MS

15/2/01

Mario, meu Pensativo,

ouvi no UOL a versão de "Let's do it", com Elza Soares e Chico Buarque. Forçaram a barra paca com "fazer" por "do it". "Cidadãos no Japão fazem, lá na China um bilhão fazem". Daí: "façamos". "Façamos" é o cacete. "Façamo-lo" já seria besteira. Teria que ser qualquer coisa feito "mandar brasa", "tacar ficha". "Fazer" em vez de "meter" é péssimo.

A outra que você cita, ainda de Cole Porter, e que ganhou versão do laureado Augusto de Campos, começa mal paca: manter Mahatma Gandhi e Napoleon Brandy é uma josta. Logo depois, legal: "uma boa ducha, o cachê da Xuxa". Isso, naturalizar e atualizar. É por aí.

Ivan Lessa

15/2/01

MS

Elizabeth passou no Swiss House. Não tem vaga para semana que vem. Mas, no Millennium, aquele grandão logo depois de Gloucester Road (onde ficou o Lewgoy no Natal do Milênio), há uma dessas ofertas especiais.

Daí só vocês, sua presença já é presença bastante. Se eu pensar num disco, digo.

Ivan

15/2/01

Ivan,

lembro do hotel. Pode reservar. Depois de Londres vamos a Amsterdam. Lá, pego um carro e sigo até Paris, parando em Bruges. Vai ser meio corrido.

MS

16/2/01

Oi!

vou garantir a reserva na Bombay Brasserie, ali do lado do teu hotel, para sábado. É buffet *na hora do almoço e um dos lugares mais bacanas de Londres, eu que não sou chegado a essas coisas. Loucura de bom, de fartura.*

Encomenda daí? Não posso pedir. Mas me lembrei — e Elizabeth também — de uma coisa chamada "amendoim japonês". Faz sentido para você? Era (é? Ainda haverá?) um amendoim preso numa bolinha sei lá de quê, ligeiramente salgada, que os ávidos quebravam mordendo logo e os mais contemplativos deixavam derreter até chegar à noz propriamente dita. Tudo isso deve ser motivo de grande chacota de sua parte.

Gudibái.

IL

18/2/01

Anta de cócoras,

como meu interesse em rap atinge 9,6 negativos na escala Richter cultural, vou à China. *Tigre agachado, dragão escondido* é o nome do filme. O título é meio enganoso. O dragão estava tão escondido que nem apareceu. O tigre devia estar agachado atrás de um arbusto, pois também não pintou. Não apareceu sequer uma onça.

Abraço,

Tamanduá de Jade

20/2/01

Menino,

acordei de manhã, peguei meu café com leite e dois biscoitos e fui lá para o sofá da sala curtir o telenoticiário. Assim que liguei o aparelho, eu vi um Brasil na TV. Igualzinho aquela música do Chico pro filme do Cacá. Fiquei todo arrepiado. Que saudade, seu! Carandiru e um carandirau de complexos menores do interior se rebelaram e pediam "paz, justiça e liberdade". Igualzinho às letras daqueles raps que a gente andou falando. Sete mil reféns em mãos de detentos. O primeiro passo no caminho da justiça social é o refém.

Pude ver, com meus olhos saudosos, o ribombar moreno de nosso calor humano, nossa cintura, nosso sentimentalismo. Confesso que senti um nó na garganta e meus olhos arderam à beira de algumas lágrimas. Tal como um preso atrás das grades, meu coração por trás das janelas da cela de meu peito também agitou panos brancos por sobre as barricadas de minha carne.

Eu não vi o filme do Ang Lee. Não aprovo Taiwan ou taiwaneses. Prefiro *Girafa ereta na tempestade*, que ele fez com a Sigourney Weaver. Ou *Razão oculta, sensibilidade escancarada!*, que ele, numa tesoura voadora, recortou da Jane Austen. Se há uma coisa que eu odeio é versatilidade.

Alá Akbar!

Ivan

20/2/01

MS,

estão prevendo, para quinta até domingo, qualquer coisa entre os quatro e seis graus, com o fator vento. Portanto: agasalhem-se, crianças, agasalhem-se.

IL

22/2/01

Ivan,

rufam os tambores, requebram-se as passistas, choram as cuícas, voam os pandeiros. Evoé, Momo! O calor é de lascar, assim como o bodum. O ritmo contagia a todos. Menos a mim que, discretamente, saco as polainas e as luvas da gaveta, escovo o casacão, pego as meias de lã e arrumo a mala.

A estação mais próxima do hotel é Gloucester, confere? A Bombay Brasserie está reservada? Você vai pedir Ovos do Benedito? A conversa sobre o tigre, o dragão e Miguel Falabella prosseguirá naquele restaurante chinês, o dos *trolleys*. Podemos ir também ao TexMex. Ou ao Falconier.

O amendoim japonês está na mala. Botaremos o papo em dia. Brasileiros que somos, dedicar-nos-emos a falar bem — e só bem — da vida alheia. Podemos começar pelos nossos chefes no UOL. Estive com o Caio hoje, aliás. Você tem razão: ele está cada vez mais bonito.

Até aí,

MS

25/2/01

Mario Sergio,

como é estranha a vida! Acabamos de nos despedir, tomando aqueles drinques no bar de seu hotel. Aquele último coquetel de champanha, eu deveria tê-lo recusado. Não sei como você consegue beber e misturar e não passar mal. Enfim, é tudo carnaval. Evoé, Baco! Você já deve estar em Amsterdam. Pena eu não ter conseguido lhe passar umas dicas.

Estive em Amsterdam em abril de 1969. Páscoa. Fomos de carro. Eu e dois amigos, o Ivo e o Paulinho. Ainda tinha hippie.

Imundos e com aqueles dois dedos no ar, as caronas barbudas idiotas, repetindo: "Paz e amor, bicho!". (Um parêntese: eles diziam "man", nós dizíamos "bicho". Somos estranhos, meu amigo, estranhos...) Mas como eu ia dizendo. Depois de atravessarmos o canal Inglês, que os franceses, em sua ignorância, pensam tratar-se do canal da Mancha, tomamos a direção de Ostende. No caminho, pegamos — se não me falha a memória — três hippies. Pegamos não no sentido de dar carona. Pegamos no sentido de passar por cima, atropelar. Foi tão divertido!

Chegamos a Amsterdam e foi uma luta conseguir acomodação. Acabamos ficando numa pensão, quase ali em frente ao Reijsmuseum. Um quarto grande com cama dupla e um colchão no chão. Mais uma pia. Lá fora, no corredor, privada. Banheira? Chuveiro? *Forget about it.* As abluções eram todas na piazinha do quarto. Foram poucas e escolhidas a — arram! — dedo. Depois de passarmos no Dam, a praçona principal, à época coberta de anarquistas, provocadores e desocupados. Era uma espécie de feira de Caxias, ou feira de qualquer cidade do Nordeste — repleta de pauperidades e gente passando mal. Reparamos na extraordinária feiura dos holandeses (faça o teste, Mario Sergio), o embrutecimento de suas feições. Lembram, em branco, os brasileiros. Depois, finalmente, fomos às putas.

Ficavam e ficam, como em tantos países da Europa, expostas em vitrine sob aquela luz roxa que disfarça as imperfeições da cútis, as marcas de porrada deixadas pelos cafetões, os primeiros sintomas da sífilis terciária. Achamos graça nos casais de turistas, a maioria, ontem como hoje, composta de japoneses, passeando pela "zona", atravessando ponte pra cima e pra baixo, feito nós.

Mantida a castidade, afinal era Páscoa, fomos atrás de umas comidas picantes nuns barzinhos muito simpáticos. Depois, fomos ao Fantasio, que ficava a caminho de nossa pensão. No Fantasio, e outro estabelecimento semelhante, o Paradiso, puxava-se fumo serenamente, sem estar em contravenção. Cores psicodélicas (pois é, coisas da época) deram o tom a nossa estésica transação. Menino, como eu ri! Como senti fome! Como descobri que eram todos, todos policiais à paisana esperando apenas esse meu escorregão moral para me botar na cadeia para o resto da vida!

"Os preto", naquela época, só tinha uma meia dúzia, tudo americano, fugindo do serviço militar obrigatório, com direito a morte estúpida no Vietnã. "Os preto" promoviam então os valores de sua geração: paz, amor, uma trampa legal trabalhando no canal debaixo de luz roxa e o equivalente em inglês a "Num vai querer um negocinho aí, ô meu?". Agora "Os preto" são todos oriundos das Holandas Orientais, Micronésia, Polinésia, uma merda dessas, que sei eu. Tem tudo nome feito Reijiäark, Güliisklië, Van Fliës. Foliões de raça cobertos por confetes de tremas. Uma admirável experiência homoerótica multirracial que deu certo.

A bientôt,

Ivan

27/2/01

Ivan,

fui saindo tao na correria que nao deu nem para agradecer a hospitalidade, a companhia, os papos, o jantar no TexMex e o almoco no chines dos *trolleys*, que correram por sua conta. O que gostei mais foi de te ver sentado por engano na mesa daquele casal na Bombay Brasserie, tentando puxar um papo. Voce estava muito doido, bicho.

Agora me encontro num coffee shop, no Red Light District de Amsterdam. Como voce ja notou, o computador nao tem acentos nem cedilha. Problema teu entender, bicho. Estah sendo um sufoco escrever, com todo esse pessoal em volta indo de hash, skunk e *Cannabis* das especies mais diversas, ouvindo musica tecno a mil (agora botaram um Bob Marley).

Voce estava escondendo o jogo, Lessa. Nunca me falou dos holandeses e de Amsterdam. Que gente boa. Que cidade demais. Os caras se dedicam a andar de bicicleta, ver quadros de Van Gogh, Rembrandt e Vermeer, falar com o Nelson, comer bem, tomar cerveja e passear pelo Red Light. Quer dizer, eles ficaram nos prazeres basicos: comer, beber, amar, contemplar e inebriar os sentidos, potenciando os efeitos de comer, beber etc. Lugar muito maneiro, meu. Tenho me dedicado a experiencias botanicas e quimicas que voce bem pode imaginar. Amsterdam, como a Elizabeth avisou, tem uma luz diferente: um ceu Vermeer, que o vento desajeita rapidamente. Ou sera que estou vendo demais?

Amanha, pe na estrada. Talvez va a Bruges. Ou a Rouen. Nao sei. Talvez nem saia daqui.

Take care,

Mario

1º/3/01

Primo,

você é que é feliz! Europa de stretch limo com motorista bilíngue não é para qualquer um. Lamento o seu computador ter perdido os acentos em Amsterdam. Você deveria ter tomado mais cuidado com esse pessoal todo a seu lado. Ainda mais em Terça-Feira Gorda. Hash, *Cannabis* e skunk. Foste de tudo, hem? Eu faço restrições apenas a skunk. Cheirar gambá não é, definitivamente, a minha. Prefiro Chanel Number Five.

Você, depois de muito conversar com o Nelson, e se entregar a experiências botânicas e químicas, deveria encanar numa lava lamp. Sabe o que é, não sabe? Aquele *abat-jour* que fica soltando bolhas, como se sofresse de problemas digestivos horrendos? Aí você vai ver o que é dissolução de luz, flores sangrentas, cúpulas azuis. Só não me telefone ou mande e-mail dizendo que as galáxias se despencam em púrpura nos arrebóis.

Cuidado — talvez seja tarde — com Bruges. Como boa cidade portuária, você lá encontrará — ou já encontrou — aquilo que chama de "Red Light District" com marinheiros furtivos vendendo gambás. Peça uma amostra do bicho antes de qualquer transação. Os brugenses, apesar de preferirem o pedalinho à bicicleta, são tão ladrões quanto os holandeses.

Ivan

4/3/01

Cara,

foi duro sair de Amsterdam. Alertado por Kamal, um marroquino que conheci numa *smart shop* (onde vendia o *abat-jour* que voce descreveu), fiz a barba para passar a fronteira. Nao quis dar mole para a policia belga. Passei direto, sem problema. Mas em Brugge, ou Bruges, tive de ir numa delegacia. Por que?, pergunta voce. A historia e longa EH tenho pressa.

Fui de Bruges para a Franca. Parei em Amiens. Para rever a catedral. Lembrei de nossa conversa, em Londres, ao nos depararmos, numa livraria, com *La Bible d'Amiens*, a traducao francesa do Ruskin feita pelo Proust. Voce dizia que o Ruskin tinha estilo, e eu obtemperava que ele era pedofilo — e compreensivelmente a conversa logo mudou de rumo.

De Amiens fui a Chantilly. Esta la o quadro da *princesse* de Conti, em boa hora expropriada de seus suntuosos bens e reduzida a miseria pelos jacobinos. Esta la tambem uma *madonna* pintada pelo Rafael que eh o fino.

Estou na Rue des Ecoles, tentando me entender com um teclado frances. Tracei ostras e *andouillette* na Brasserie Balzar, aqui do lado.

Au revoir,

Mario

6/3/01

Garotão,

o que é que há com os brasileiros, afinal? Por que não ficam quietos num lugar? Têm bicho-carpinteiro? Viram passarinho verde? Esse negócio de dar uma chegadinha à Europa só dá besteira. Correm do hotel para o museu, do museu para uma loja de departamentos, andam, sentam na praça, perdem todos os documentos, se queixam do frio. Antes de deitar, depois de comer mal no restaurante recomendado pelo amigo, generalizam: "Porque o inglês isso... porque o francês aquilo... porque o italiano coisa e tal...". Daí tomam um sonífero, dão sua bimbadinha e vão sonhar com americanos.

Voltam, botam camisa anunciando cerveja, e vão assistir, de camarote, o desfile das escolas. Que espetáculo mais lindo no mundo não há.

Ivan

6/3/01

Viajante,

bilhetinho de Diogo. Está torcendo por você, ao contrário de mim. Não vou aporrinhar você muito com e-mails daqui pra frente. Tens uma barra a aguentar, segurar.

IL

6/3/01

Bicho,

estou conversando com um monte de gente. Um monte de gente que, apesar das minhas piscadelas marotas, não quer ir para o JB.

MS

7/3/01

Oba!

eu, se fosse um monte de gente, também relutaria muito, mas muito mesmo, em ir para o JB.

IL

8/3/01

Ivan,

achei, em Paris, o primeiro volume de *Em busca do tempo perdido* em quadrinhos! Lembrei de você, da sua versão em quadrinhos da *Waste land*, do Eliot. Não resisti e comprei. Sabe que é muito boa? Não é o romance, óbvio. Talvez não seja nem história em quadrinhos. Parece uma poesia.

MS

11/3/01

Jean-Paul, mon brave!

ah, oui, cher ami, je connais très bien cette petite affreuse sensation. De se réveiller dans une chambre d'hôtel inconnu avec les dimensions du sommeil changées. Bien sûr, on s'éveille, on voit quatre heures à sa montre, ce n'est que quatre heures du matin, mais nous croyons que toute la journée s'est écoulée, tant ce sommeil de quelques minutes et que nous n'avions pas cherché nous a paru descendu du ciel, en vertu de quelque droit divin, énorme et plein comme le globe d'or d'un empereur. D'école de sambá, peut-être, mais empereur quand même.

C'est suffisant pour que je décide de te parler un peu de Arnaldo Jabor. Parlons du cinéma, parlons de *Hannibal.* Arnaldo, la semaine dernière, a écrit le suivant à-propos de l'oeuvre de Ridley Scott:

"Há em Hannibal um eco da perversão iluminista de Sade. Há quase uma 'bondade' na crueldade de Hannibal."

C'est drôle, n'est pas? Mais il y en a plus encore. Voyons:

"*Hannibal* é pós-moderno [arrrghh!...]. Ele nos acena com um delicioso futuro primitivo, com uma volta à animalidade perdida, depois de tantos séculos de ciência."

Ah, qu'ils sont lourds ces siècles de science! Continuons:

"A vitória do crime liberta secretamente nosso canibalismo secreto de milênios. Na realidade, Hannibal é um ícone da guerra narcísica do mundo atual. Estamos cada vez mais sozinhos como Hannibal."

Guerre narcissique. Bien sûr. La phrase jaboriènne fait d'une métaphore la gourmandise de l'écriture, commentant sans cesse la métaphore, et rejouant, en l'amplifiant, la scène de sa représentation. Ce qui est mis en scène, c'est la phrase que ne s'ignore pas écrire.

Toi, Proust, Jabor: d'égal à égal à égal. Ça m'est égal.

À très bientôt, amicalement,

Yves

13/3/01

Prezado confrade,

gostei da sua última carta. Principalmente por comparar Arnald Proust a Marcelo Jabor. Tem tudo a ver. Se bem que a capacidade de teorização de Jabor seja infinitamente maior que a do asmático do Boulevard Haussmann. Leve-se em conta também que o autor de *Pindorama* é insuperável no uso de "aspas".

Mario

13/3/01

Ivan,

sumiste?

Ontem fui na redação pela primeira vez. Perto daquele navio fantasma a da Folha *parece um foguete. Ainda não arrumei apartamento. O monte de coisas para fazer, o humor em montanha-russa e a vida fora de casa estão dificultando a concentração. Tenha paciência com seu missivista.*

MS

14/3/01

Ei, rapaz!

sei que você está na correria. O bom senso me recomendou deixá-lo em paz. Depois a gente vê.

Ivan

15/3/01

Meu bem,

adorei receber tua cartinha. Sei quão ocupado andas nessa azáfama de mudar de... tudo! Lembrai-vos, no entanto: para cada porta que se fecha há outra que se abre. O mesmo se aplica às janelas. E aos livros. "Cada janela que se fecha... etc.", "Cada livro que se fecha... etc.". Sei que tens valor e que hás de vencer. Tua ambição encontra eco em tua competência. Não raro exaltada. Por quem te conhece, por quem te lê, por quem de ti ouviu falar. Finalmente, chegaste à situação-limite. Aquele teste que a vida nos passa como se prestes a expedir carteira de motorista ou certificado de reservista. Poucos sabem reconhecer o momento. Tu o reconheceste e pegaste o touro pelos chifres. E na unha! Tuas fintas, essa tua capa vermelha desafiando a besta chifruda. Na praça de touros, sob os soluços de guitarras flamencas, debaixo do matraquear histérico das castanholas... Ah, essa rosa entre teus dentes muito brancos, flor rubra como o sangue prestes a jorrar na areia da arena! Já te vejo com o gorrinho preto nas mãos agradecendo aos apupos dos tauromaníacos. Guarda para mim as orelhas da fera abatida, guarda!

Lembras-te daquelas pessoas que, do outro lado da mesa no bar, de repente, no meio da noitada, viravam-se para nós e diziam: "Você é muito gente, cara!". Repetindo depois de tentarem nos abraçar e beijar: "Muito gente mesmo!".

Essas pessoas, essas efusões, levam-me ao mundo das letras. Estou devorando *Memórias das trevas: uma devassa na vida de Antonio Carlos Magalhães*, da autoria de João Carlos ("Joça") Teixeira Gomes. O que extraí até agora — estou lá pela página 400 — é que, por trás de muito bate-boca, o que há mesmo é mútua admiração e, atenção!, patriotismo. Ufanismo esclarecido. São dois os leões envolvidos. O leão-escritor e o leão-escrito. Motiva-os a busca pela mesma clareira na floresta bravia de nosso país: a busca, não, melhor dizendo, a luta por uma Bahia maior e melhor, um Brasil mais justo e varonil!

Semeie flores de compreensão, meu bom amigo! Até breve.

Ivan

16/3/01

Ivan,

cansadíssimo. Maratona de reuniões, conversas, almoços e visitas a apartamentos. A tua carta estava ótima.

MS

18/3/01

Figura,

também correria aqui. Tenho de gravar o CD com doze crônicas até quinta. Ano fiscal que se vai. Hoje, em frente à Bush House, explosão controlada de carro suspeito. O verdadeiro IRA. Não era. A carta amanhã talvez siga um pouco mais tarde. Tenho estúdio às 11h. Também fire drill *anual, às 2h. Chatice.* Take care.

Ivan

18/3/01

Minha flor,

você não se emenda, não? Apesar de minhas admoestações e alertas, deu-se ao labor de mergulhar (tchibum!) no oceano de dendê de *Memórias das trevas*. O apimentado opúsculo é um momento mágico das letras baianas. Não é todo dia que se publica uma baianada com 27 fotos do biografado e outras 21 do próprio autor, algumas delas ao lado de mais baianos ilustres, como Jorge Amado e João Ubaldo Ribeiro. É um festival de baianidade. O estilo, era de se esperar, é baiano: caudaloso, impreciso, egocêntrico.

Deixa disso, cara. O bom de morar em Londres é não ter que tomar contato com esse tipo de subliteratura caça-níquel. Compra um tabloide e vê as fotos de mulher pelada. Deixa os baianos baianarem. Em Londres, faça como os londrinos.

Eu no Rio faço como os cariocas. Em estando na Cidade Maravilhosa, em Ipanema, acordei às 7h30, tomei café e andei até o final do Leblon. Você não acredita a quantidade de gente que anda no calçadão. Andam rápido. Chegam a correr. Vi dois cineastas correndo. Você imaginaria, digamos, o Eisenstein correndo no Parque Gorki? Ou o Buñuel fazendo musculação? De costas para a cidade, de frente para o Atlântico, a vida parecia tolerável: ar claro, gaivotas, ilhas, ondas verdes.

MS

20/3/01

Mario,

mergulhei naquilo que você chama de "oceano de dendê", ou seja, o livro sobre Antonio Carlos ("O Leão") Magalhães. Você o chama de "baianada" e "festival de baianidade". O que é um festival de baianidade? O que é "baianada"? É bom ou ruim? É uma festa animada pelas vozes e música de João, Gil, Cae, Dorival e família? Com prosa de Jorge Amado e João Ubaldo Ribeiro? São todos, como você diz, "imprecisos", "egocêntricos"? Sei do ódio dos paulistas a baianos, que, aliás, para vocês, são todos aqueles que chegaram doentes e com fome do Nordeste, a fim de ajudar essa locomotiva a puxar o Brasil.

Quanto a chamar o livro, como você o faz, de caudaloso, além de apontar para outros exemplos — biografias e romances franceses —, eu perguntaria: o que há de errado em ser caudaloso? O Amazonas é caudaloso. Isso o torna menos gigante entre outros rios de gabarito, tais como o Nilo e o Mississippi? Não o creio. Nilo tem pororoca? Mississippi tem imbará? Estou certo que não.

Você se descreve de calção e sem camisa. Peço fotos. Mais três meses e você estará no Maracanã, de bermuda e com a camisa do Vasco, ameaçando dar um corte num. Cuidado, no entanto, com as tchutchucas. Nem tente se fazer passar por tigrão. Não deixe ninguém lhe chamar de popozudo.

Explique aí para a turma que, em Nova Orleans, no início do século, funk era o nome usado por "Os preto", principalmente os envolvidos em jazz, para se referir à emanação que vem do rabo, do fió-fió. Funk, pois, é "smelly ass". Funky diz respeito a *smelly ass.*

Ivan Lessa

21/3/01

Ivan,

estou de saída para Brasília, onde fico até amanhã, seguindo de lá para o Rio. Já mandei a carta. Está ruim. Não estou conseguindo escrever nada que preste. Fim de contrato? Nervosismo?

MS

22/3/01

Cara,

aguardo detalhes sobre a etimologia da palavra *funk*. De onde você tirou que em Nova Orleans a palavra significava "smelly ass"? E já que está lidando com o tema, explique por que o tal funk entrou na moda aqui. Mais uma manifestação da nossa sensualidade? Do nosso temperamento buliçoso e brejeiro? Da nossa irreprimível vulgaridade? De nossa malemolência? Do nosso mau gosto?

MS

25/3/01
Mario,

não sei se você sabe, mas o *Jornal do Brasil* foi fundado há 110 anos como parte de uma vasta campanha para tentar explicar cientificamente, e assim acabar com, as seguidas mortandades de peixes na lagoa Rodrigo de Freitas. Mais 110 anos e eles vão conseguir explicar cientificamente, e assim acabar com, plataformas e submarinos que afundam, porta-aviões que expelem fumaça pútrida, jangadas que voltam só, falta d'água nos grandes centros urbanos, coisa e tal. Água não é a nossa. Implantes glúteos, talvez.

Vamos às origens de *funk* e *funky*. *Funk*: do valão, o *walloon*, idioma lá do sul da Bélgica. *Fonck*. Em 1708, já era sinônimo de "fedor". Especificamente, veja você, para o cheiro de fumo de cachimbo. *To funk* era soprar fumaça noutra pessoa. Em 1837, adquire a conotação (sempre aqui pela ilhona) de "medroso", "tímido". *To be in a blue funk*, quase, quase "estar numa bruta fossa". O adjetivo *funky*, segundo o Webster de 1913, data de 1845 e queria dizer "estar meio em pânico". Por volta de 1899, vira um "odor ofensivo" e, agora vou citar em inglês para não me encherem mais o saco, *having an earthy unsophisticated style and feeling; especially: having the style and feeling of older black American music* (*as blues or gospel or of funk*).

IL

27/3/01

Ivan,

você não poderia pesquisar outros assuntos? Não digo descobrir o motivo da mortandade de peixes da Lagoa. (Agora botaram a culpa nos cavalos do Jockey, cujo cocô vai direto para a Lagoa.) Tenho uma curiosidade bem mais modesta. Vê se descobre para que servem os cartórios.

Ontem, ao meio-dia, saí do muquifo onde me encontro e caminhei até a Vinicius de Moraes. Trajeto curto, vencido a pé. Tinha almoço às 13h, e, seguindo os costumes locais, envergava terno e gravata. Lembre-se que é outono no Rio. Os termômetros batiam na casa dos 32 graus.

Eu tinha dois objetivos: "abrir firma" e, em seguida, "reconhecer a firma" recém-aberta num documento. Tive de assinar meu nome numa ficha de cartolina. Assinei o documento, e a moça colocou um carimbo, garantindo que, de fato, aquela assinatura era mesmo a minha. Enquanto aguardava os trâmites, ou ia de um guichê ao outro, de uma fila a outra, de uma funcionária mal-humorada a outra funcionária que, bem-humorada, queria puxar papo. A coisa toda demorou quarenta minutos. Peguei um táxi sem ar condicionado. Cheguei atrasado ao almoço. Empapadão. Não estou reclamando. Só quero que você me explique esse negócio de cartório.

MS

29/3/01

Mario Sergio,

deixa confessar uma coisa. Sabe essa sua mudança para o Rio? A facilidade com que lhe aflora (hummm...) à digitação os nomes de ruas e lugares da "minha" cidade? Ah, essa súbita intimidade! Que ninguém nos ouça, mas eu tenho um tico de ciúme. Ciúme mesmo. Não é inveja, não. Ciúme quase que físico. Se você, um dia, encontrar nele, no Rio, uma coisa que lhe encante, algo que lhe pareça precioso e único, por favor, eu lhe peço, não me conte. Minta. Tenho uma enorme experiência na organização proveitosa de mentiras.

Mas vamos ao cartório. Ele serve para provar que você existe. Que isso que você fez não é sacanagem. É para valer. Toda essa papelada é você. Onde esteve, onde está e o que pretende. Eles não acreditam em você. Nesse acordo que você chegou com fulano ou sicrano. Ou com a vida. Eles mal aceitam a possibilidade de você estar vivo. De ter uma profissão, residência e domicílio, estado civil, filiação, filhos. Alguém tem que conferir e tacar estampilha. Não adianta nada jurar por Deus. Alguém em algum lugar tem que dizer, ou escrever, que é verdade: você é você.

Ivan

1º/4/01

Colaboracionista,

para não aumentar seu banzo, estou sendo comedido nos comentários sobre o Rio. Mas como deixar de se embasbacar com a Lagoa e o mar? Ou, no Jardim Botânico, com o Corcovado lá em cima? Ou com as palmeiras? Ou com a baía que se contempla do Albamar, na praça XV?

O problema, o diabo, é a intervenção humana. Em São Cristóvão, em torno da Rodoviária, por ali começa um outro Rio. O que vale em termos demográficos. O da maioria. Da Linha Vermelha, você vê o verdadeiro Rio: centenas de milhares de pequenas lajes, com antenas de televisão em cima; labirinto de ruelas onde o esgoto corre a céu aberto; centenas de quilômetros quadrados sem uma praça; crianças de barriga inchada e pé no chão; miséria sem fim.

Até,

MS

2/4/01

Ô rapaz!

sem cair no lugar-comum de citar o poeta, abril é um mês chato paca. Ano passado ainda está muito vivo. Meio fim de festa também negócio do UOL. Cuide-se, você tem mais o que fazer.*

Ivan

3/4/01

Mario Sergio,

afinal de contas, você é meu amigo ou amigo da Onça? Você me dá cada incumbência! Você me pediu para pesquisar "Sagramor Escuvero". Recorri aos préstimos de meu grande e velho amigo, o jornalista Jader de Oliveira, atualmente enviando vibrantes despachos para o *Correio Braziliense* e diversas emissoras de rádio de nosso Brasil.

O Jader chegou aqui em Londres em setembro de 1968, um mês depois de mim. Somos da mesma idade. Logo descobrimos interesses comuns. Coisas e graças ligadas à nossa cultura popular. Futebol, rádio, música. Principalmente, música. O Jader é uma verdadeira enciclopédia. Tem, inclusive, ouvido apuradíssi-

* Alusão a Amaurizão, Marquinhos Lessa, Guga, Chopinho e Tuninho Professor, autores de "Quem descobriu o Brasil foi seu Cabral, no dia 22 de abril, dois meses depois do Carnaval", samba-enredo da Imperatriz Leopoldinense em 2000.

mo. Aquilo que chamavam de "ouvido de tuberculoso". (Ou estou me confundindo e é "nariz de tuberculoso"? Em todo caso, checa aí, já que a tuberculose é a nova coqueluche na praça, com quase tanto ibope quanto baile funk e lepra.) Qualquer dúvida, eu vou a ele. E ele lá, ó, batatolina! Mas embatucou com "Sagramor Escuvero". Disse-me que ia checar no "livro do Saroldi". Não sei o que quer dizer isso, mas ele não conseguiu descobrir nada.

Mais do que isso, não sei. Espero ter sido útil.

IL

5/4/01

Ivan,

muitíssimo obrigado pelas informações. Anotei tudinho. O que seria de você sem o Jader, hein? Transmita-lhe meus amplexos. Informe-o que há aqui um político, um varão de Plutarco vindo do Norte, que é xará dele.

Cara, estou vendo televisão. Como o quarto em que moro transmite canais americanos, um luso e um italiano, de vez em quando dou uma ligada, à noite. Assisti, pela primeira vez, aquela série que você e o André elogiaram, *Seinfeld*. Achei-a curiosa, pelo homossexualismo latente entre o baixinho e o personagem principal. É superior às novelas nacionais, se bem que no segundo episódio eu já tinha pegado a mecânica dramática, que é mais previsível que um relógio cuco. É uma sequência de situações pretensamente humorísticas que se destinam a propagandear mercadorias. Não pretendo ver *Seinfeld* nunca mais na vida.

Continuo sem entender como alguém possa gostar de televisão. Tenho uma hipótese: vício. A televisão, como o cigarro, o álcool e a cocaína, vicia. Vicia em determinados contextos, como o de estar sozinho num quarto pequeno e mal iluminado, longe de quem se gosta. Vicia determinado tipo de gente, a começar pelos cansados.

MS

7/4/01

Mario Sergio,

na noite de quarta para quinta-feira, voltei a sonhar que eu era Mary Pickford, a Namorada da América. O que deveria ser um sonho alegre e descontraído foi, novamente, um pesadelo. Uma cópia velha, malconservada de filme mudo. Volta e meia, um corte súbito na ação, como se os demônios do Inferno, famintos, tivessem engolido ou enfiado em seus rabos alguns fotogramas.

No meu sonho, estou vestida de marinheiro, sou um menino travesso. Meus cabelos curtos cacheados estão ocultos por uma cabeleira lisa que me chega aos ombros. Um justíssimo espartilho aperta meu tronco ocultando meu corpo de mulher — uma mulher de seios pequenos porém mimosos.

A pesada porta de mógano se abre emoldurando Doug. Doug é Douglas Fairbanks, meu marido. Ele está com as duas mãos viris nas cadeiras, o busto musculoso inteiramente nu, um lenço de seda cobrindo sua testa, a cabeça jogada para trás numa vasta gargalhada, seus dentes muito alvos brilhando como pérolas. Ele está queimado, muito queimado, pelo sol que banha os sete mares de Hollywoodland. Um único brinco reluz em seu lóbulo direito.

De repente, somos engolidos por uma terrível noite e só conseguimos distinguir, meio à distância, entre nós e a sala de banquetes, algo como um enorme letreiro. Doug e eu, com algum esforço, já que os dizeres estão, do nosso ponto de vista, ao contrário, conseguimos decifrar as loucas palavras escritas no letreiro:

"Ha! Ha! Ha! Enfim és minha prisioneira, lady Osterley! Vamos tirando o vestidinho! Rápido! Rápido! Ha! Ha! Ha!"

Tento dizer qualquer coisa a Doug, pedir explicações. Mas nada sai de minha boca! A escuridão nos cobre de novo e mais um letreiro se apresenta diante de nossa perplexidade:

"Víbora!! Corsário imundo!! Pensa que eu sou uma de suas vagabundas?? Suma-se de minha presença antes que eu peça sua cabeça de presente a meu pai, o Governador!!"

Doug salta da sacada da escada, agarra-se a uma cortina que dela se desfralda, faz uma de suas lendárias acrobacias. Vira-se para mim e diz... Não diz nada! Som nenhum é emitido de seus lábios carnudos e másculos! Ele me toma nos braços e tenta me abrir a camisa da roupinha de marinheiro. Mais um letreiro se fecha em torno de nós:

"Qual!!! Os peitinhos hão de contar sua história!!! Pensas que me engana, sua vagabunda???"

Não posso relatar as cenas (e os letreiros!) que se seguem. São fortes demais para minha e para sua sensibilidade. A um certo momento, depois de "depois" (você me entende...), Doug me esbofeteia seguidamente aos palavrões. Que é quando acordo e descubro que sou... que sou... Vilma Banky!!!

Ivan Lessa

8/4/01

Ivan,

estreei neste domingo, editando um caderno sobre os 110 anos do JB. *Ficou uma bosta. Precisamos conversar sobre a sua participação no* JB. *Te ligo esta semana.*

Abração,

Mario

10/4/01

Ivan,

há quanto tempo não lembrava de Mary Pickford. Costumava encontrá-la na cinemateca do Masp, no tempo em que o museu tinha cinemateca. Ou na cinemateca do Belas Artes, na Consolação. Nessas duas cinematecas vi dezenas e dezenas de filmes mudos. Os coloridos, de "arte", passavam no Marachá e no Cosmos 70, ambos na rua Augusta. Os comerciais eram exibidos no Majestic, também na Augusta, ou no Rio e no Astor, no Conjunto Nacional. Antes, frequentava cinemas perto de casa (o Lar, o Leblon, o Arlequim e o Cruzeiro), ou no centro (Windsor, Marabá, Ipiranga).

No fim de semana, fui ver dois filmes. Um no Belas Artes e outro no Conjunto Nacional. Na saída me dei conta que, com a mudança para o Rio, talvez não entre nunca mais num cinema paulistano. Tive alguns segundos de vertigem. Ver um filme não é apenas ver um filme. É ir ao cinema. É percorrer determinadas ruas. É saber que as paredes eram de tal cor. É lembrar, com o corpo, que se entrou em determinada sala centenas de vezes.

Mario

12/4/01

Mario Sergio,

descanse, meu amigo. Li de cabo a rabo todas as edições do *JB 2001* (por que não batizaram o lançamento? Costume tão jornalista, tão Brasil...) e em todas notei a marca inconfundível do DNA de seus dedos de virtuoso nas artes informativas, artes das quais Hipólito José da Costa é patrono e fundador. Falar nisso, desta vez a pobre da ossada do moço não teve apelação. Tiraram do cantinho sossegado em que se encontrava, na aprazível localidade de Hurley, e tacaram para o Bananão. Ele que mal o conhecia. Ele que, em vida, pediu para ser enterrado na Inglaterra.

Mas eu digresso, eu digresso, como disse o poeta. O assunto é você. Dizia eu que era para você descansar. Não significa que é para você dormir em cima de seus louros (nem o Falabella nem sua — *yours*! — papagaia, a doce e palradora Odette). Continue atento. O importante é que os leitores do veterano jornal carioca sabem agora que você tem nas mãos seguras e calejadas as rédeas da nave que deverá singrar com galhardia os mares bravios do jornalismo pátrio.

Notei uma forte atração animal no *JB 2001*. Essas coisas são muito pessoais, não posso jurar que outros a tenham sentido. Posso, isso sim, é dar palpite. Tenho vasta experiência de jornalismo, conheço o leitor impotencial carioca. Sei que você me desculpará a presunção, mas é impossível deixar de dar alguns conselhos. Melhor dizendo, "dicas", feito as chamávamos, com muita bossa e humor, nos bons tempos de um semanário satírico-humorístico carioca, do qual fui, além de colaborador, mais tarde editor, acionista e réu em processo por atentado à moral e aos bons costumes.

Digressei de novo, não foi, bichinho? É a tinta de impressão que me corre nas veias, embora com menos pressão da que corre nas suas, senhor diretor do *JB*! Minhas sugestões, minhas dicas, era o assunto.

Primeiro, uma mãe de santo. Para fazer uma limpeza, dar um banho geral na redação do jornal. Prestar atenção sobretudo nos cantos da ala norte do prédio, onde o trabalho é mais forte.

Segundo, dedicar mais espaço aos discos voadores. Uma reportagem extensa de duas em duas semanas, com talvez uma coluna permanente, e eu garanto mais 15 mil leitores por semana.

Terceiro, uma série de reportagens investigativas, todas sob o título geral de "Na rota das drogas", sempre acompanhadas de gráficos a cores com mapas desenhados com capricho e coalhado de nomes exóticos de cidades. Os repórteres devem adotar disfarces pitorescos e deixar crescer a barba, não importa se homem ou mulher.

Finalmente, o mais importante: cuidado, muito cuidado, com os pobres. Não deixe que os pobres leiam seu jornal. Os pobres estão por trás de todos os males que afligem o Rio e o Brasil. Se um pobre for visto com o *JB* nas mãos — tome nota — será o começo do fim. Eles não entendem nada que está se passando. O objetivo é deixá-los assim. No dia em que tiverem uma ideia do que está acontecendo, babau!

Feliz Sexta-Feira da Paixão, senhor editor!

Ivan

15/4/01

Prezado leitor Lessa,

a boneca está curtindo o jornal? Espero que sim. Mas por mais que esteja gostando, nem de longe poderá estar se divertindo como quem o faz. Aquele sujeito fleumático e de fala mansa que você conheceu agora berra feito um celerado. A gritaria pouco adianta. Ou surte tanto efeito quanto gritar para um caminhão que desembesta ladeira abaixo: lá vai o jornal, sem freio, rumo ao fechamento, à impressão, às bancas, aos leitores. Em revista, há controle. Um diretor, se quiser, pode interferir em cada texto, foto e legenda. Jornal tem vida própria. Faz o que quer. Não adianta esgoelar, partir para o desforço físico.

Obrigado pelas sugestões de reportagens. A série sobre a rota das drogas já está sendo tocada. Pelo mesmo repórter que investigou a mortandade de peixes na Lagoa e descobriu que a culpa é de extraterrestres (os assassinos intergalácticos estacionam seus discos voadores na Pedra da Gávea). Estou pautando também uma grande matéria ilustrada com o título "Portugal, meu avozinho". Como as outras, ela será apurada pelo telefone: se não há dinheiro para ir de ônibus à Lagoa, quanto mais para viajar a Lisboa. Não esqueça que os telefones foram cortados. Usamos um orelhão na Rodoviária. Um que dá para ligar a cobrar.

O que vale é o entusiasmo da equipe. Ela está vibrando com as novidades tecnológicas recém-implantadas. Mandei botar máquinas de escrever em todas as mesas. São máquinas usadas, *made in Honduras*. Numa próxima etapa, elas receberão fitas novinhas.

Pouco a pouco, mudanças significativas estão sendo introduzidas. Outro dia, por exemplo, o jornal saiu com a data certa na primeira página, algo que não acontecia há oito anos. Demos uma entrevista bombástica com um ex-técnico do Olaria, explicando que o time perdeu o campeonato de 1954 porque foi derrotado em todas as partidas. Nosso leitor foi o primeiro a saber que os franceses perderam a Guerra do Vietnã.

A concorrência está tremendo.

Mario

17/4/01

Mario Sergio,

você não sabe o quanto sou grato ao *JB*. Por volta dos anos 50, ele ainda publicava, em sua primeira página, pequenos anúncios classificados, conforme o modelo adotado por todos os jornais do mundo há mais de cem anos. Era no *JB* que procurávamos nossas empregadas e empregados. Foi o último dos grandes jornais dos patrões e das patroas — o jornal das madames. Também foi o jornal dos garotões. E aqui entro eu. Eu e mais dois amigos. Cujos nomes não divulgarei, uma vez que, hoje, um é um poderoso industrial e outro um político de renome.

Nos anos 50, havia uma agência de classificados do *JB* na avenida Copacabana. Madame, quando necessitada de empregada nova, ia lá, ou mandava alguém, e deixava o anuncinho. Passávamos nós também, naquele cio constante dos vinte e poucos anos de idade. É, um de nós ia e deixava lá as linhas mágicas a serem publicadas debaixo do "Precisa-se". Precisávamos de "empregada doméstica de boa aparência". "Boa aparência" era o código utilizado na época para "branca", empregada branca.

No anúncio, dávamos o endereço de um de nós três. O tal amigo, que é hoje riquíssimo, tinha um matadouro na Xavier da Silveira. Não se choque com o termo *matadouro*. Detestávamos estrangeirismos. Recusávamo-nos a empregar a *garçonnière* frequentada por nossos papais e mamães. Era matadouro mesmo. A mocinha ligava, nós fazíamos pelo telefone umas perguntas básicas ("Você não é roxinha, não, é? Pode dizer a verdade...") e, conforme as respostas, marcávamos a entrevista. Ah, a entrevista, meu amigo, a entrevista!

Que fique claro: nunca houve estupro, ou o que então se chamava de curra. O consentimento era condição *sine qua non*. O que havia era a conversa, a cantada. A aspirante a doméstica chegava, dava com um ou dois de nós (o terceiro se escondia no quarto; três assustava, né?), papo vem, papo vai, servíamos um drinque (vermute doce, Cinzano), pega aqui, pega ali, e logo estávamos entretidos nos festins de Vênus. O terceiro aí já fizera sua aparição, desfeita toda e qualquer pretensão a emprego doméstico. Era só, ó: fuque, fuque, fuque...

Mais de uma das moças, terminados os esforços, perguntou se conseguira ou não o emprego. Nunca ouviram uma resposta de mau gosto. As que topavam, saíam dali, de nosso quarto-e--sala e muita vista para o amor, com uma nota de duzentos e, conforme o caso, apontamento para voltar. Lembro de uma delas que pediu para se encontrar a sós com o "americano". Era o tal industrial, brasileiro e louro como o Tab Hunter. Essa voltou, alegríssima, e foi com nós nove. Não sei como nós, e em número de nove, fomos lá parar. Acho que foi numa saída do Jangadeiro. Lembro dela, deitadinha, pedindo: "Eu quero o americano!". Nós oito, na sala, bebendo conhaque Dreher, dizendo bobagem e rindo muito.

Era tudo, no fundo, muito inocente, nunca ninguém saiu machucado da história. Por isso que eu digo, que eu sugiro: *bring back* os classificados, Mario Sergio, *bring them back*!

Ivan

19/4/01
Bonitão,

quer dizer então que o *JB* já te proporcionou um caminhão de alegrias, hein? Difícil decidir quem era mais bobo, se você e sua turma ou as moças. No fim, rapazes e garotas queriam a mesma coisa, que você descreve com o expressivo termo *fuque-fuque*.

Seu,

MS

22/4/01
Mario Sergio,

venha comigo até o dia 25 de outubro de 1946, por alguns minutos. Por dez minutos, para ser preciso. Aqui mesmo, não muito longe de Londres. Até Cambridge e o Clube de Ciências Morais.

Dia chuvoso, mês nublado. Karl Popper deu uma chegadinha a Cambridge disposto a um confronto com Ludwig Wittgenstein. Popper vai ler um ensaio onde o tema é o seguinte: há mesmo problemas filosóficos ou é tudo apenas quebra-cabeças linguísticos? Para Wittgenstein, os problemas filosóficos só existem quando a língua deu às de vila-diogo. Para Popper, há problemas genuínos de metafísica, de teoria política, de conhecimento, de metodologia científica.

Bertrand Russell compareceu. Apesar de só pessoas de renome e reputação impecável estarem presentes ao evento, há sérias divergências a respeito do que se passou. Popper começou a enumerar um rol de questões filosóficas sérias e sólidas. Wittgenstein, como sempre, mostrava-se agitado e interrompeu-o mais de uma vez. A certa altura, ele se voltou para a lareira acesa, tomou na mão um atiçador e feriu repetidamente o ar, como se pontuando e acentuando seus argumentos. Alguém, não se sabe quem — desconfia-se que tenha sido Russell —, insistiu para que Wittgenstein deixasse o atiçador de lado. A seguir, duas coisas ocorreram: outro alguém pediu a Popper que desse um exemplo de princípio moral. Ao que Popper respondeu:

— Não ameaçar as visitas com atiçadores.

Wittgenstein deixou o recinto. Segundo Popper, quem pedira o exemplo de princípio moral fora o próprio Wittgenstein. Outros acusam Popper de mentir. Outros dizem que Wittgenstein se mandou porque Russell acabara de lhe chamar a atenção. Em suma, não há uma versão definitiva. O que não deixa de ter seu charme filosófico.

Eis aí, caríssimo, uma grosseira tentativa de sintetizar o livrinho que, deliciado, comecei e acabei nesta semana mesmo. Trata-se de *Wittgenstein's poker* (é o atiçador, mas também pode entender como o carteado), leva o subtítulo de *A história de uma discussão de dez minutos entre dois grandes filósofos*, foi escrito por David Edmonds e John Eidinow, publicado pela Faber, tem 284 páginas e custa apenas nove libras e 99 pence. Vale a pena. Principalmente agora que você está editando um tradicional jornal carioca.

Ivan

24/4/01

Ivan,

sempre é tão difícil terminar. Como na música: sempre é um suplício esse momento. Mas como tudo acaba, como terminaram as guerras púnicas, o amor de Swan por Odette, a deambulação de Noel Rosa pelo Rio, essa nossa Correspondência também acaba. Motivo há: mudei de emprego, de cidade. Não havia como manter a Correspondência.

Ficamos um ano trocando mensagens eletrônicas à vista de quem quisesse nos ler. Desenvolvemos uma forma de expressão, quero crer, inédita no Brasil. Escrevemos sobre o que nos deu na cachola. Nossos chefes e empregadores não nos impuseram nenhuma limitação.

Gostei bastante. Ao escrever para o papel, se fica mais empertigado. A mensagem eletrônica não é tão etérea quanto o rádio ou a televisão, que logo desaparecem no ar sem deixar registro. Mas saber que essas palavras estão fadadas ao desaparecimento é reconfortante.

Gostei mais de ler suas cartas do que de escrever as minhas. Você tem mais queda para a forma, a carta eletrônica. Tem mais molho, maleabilidade, embocadura. Eu tendo mais para o serião.

Foi legal trabalhar junto. Um dia a gente retoma a colaboração. Mas agora nossos e-mails retornam para a esfera privada.

Abração,

Mario Sergio

25/4/01

Jovem,

Caio ligou no fim da tarde. Formalizou convite. Crônica, digamos assim. Mesmo número de edições: seis por mês. Mesmo tutu. Uma boa. E as aporrinhações de não ter quem me faça escadinha e segure minha mão e dê conselhos.

Ivan

26/4/01

Mario Sergio,

sua carta foi uma bofetada em minha cara. Tive que ler umas duas ou três vezes. Pensei que fosse gozação. Você se rindo de mim, fazendo de suas ironias. Não entendi nada. Visto que meu contrato, no meu entender, se estenderia até 26 de abril de 2002. Daí fui lá na papelada checar. Não é que deu zebra? Você estava e está certo. É hoje só, amanhã não tem mais. Acabou-se o que era doce. *Finis coronat opus.* Vai ser um baque financeiro para mim, rapaz. Ter que aguentar meus compromissos com menos 12 500 dólares por mês é dose para leão.

Vou ter que me virar para pagar as 36 prestações que ainda faltam da compra do flat. A sorte é que eu, como a proverbial (ou é fabulosa?) formiga da cigarra, fiz minhas poupancinhas e, apertando aqui e ali, dará — bate na madeira, pé de pato mangalô treis veis — para ir se vivendo. Aquele troço que a gente sabe: por pior que seja, ao menos não estou no Brasil.

O que atrapalha tudo, como sempre, é leitor. Conforme você esteve quase, quase à beira de articular. Leitor de sítio, de livro, de jornal, para você que está nessa. Leitor é essa escória que a gente evita na rua. Ninguém escreve para leitor. Nem soneto nem óbice. A gente escreve para que gostem da gente. Para ser admirado.

Tolstoi escreveu *Guerra e paz* para acharem que ele era formidável. Só que tem um troço: ele escreveu para uns dois ou três amigos igualmente barbudos. Ou Proust, que era mais dado, escreveu para uns seis cavalheiros de bigodinho. Quer dizer então que a gente deve escrever para uns seis amigões escolhidos com o dedo.

Ah, sim. Estou há séculos para lhe dizer. Acabou o estoque de amendoim japonês que você trouxe com tanto carinho. O *Elefante*, do Francisco Alvim, está lá na sala, paradão, olhando para mim e eu olhando para ele, cada um de nós aguardando a hora de

ESTA OBRA FOI COMPOSTA EM MINION PELO ESTÚDIO O.L.M. E IMPRESSA EM OFSETE PELA GEOGRÁFICA SOBRE PAPEL PÓLEN SOFT DA SUZANO PAPEL E CELULOSE PARA A EDITORA SCHWARCZ EM ABRIL DE 2009